送給疲於人際關係的你

如果，能夠在一瞬間消除苦於多年的事情，
內心就會像是衝破雲海，眼前出現一望無際的藍天……
真的會有這麼好的事情嗎？
有位女性曾對我說：

「我一直以來，都因為無法完成母親和主管要求而感到痛苦不堪……」

◆ ◆ ◆

「為什麼不馬上就去做？再怎麼想事情也不會有進展，做了就知道了。」
「反正妳現在就直接去客戶那裡，今天之內把事情搞定。」
總是像這樣被催來催去，常常感到不知所措。

為什麼我總是無法立即採取行動呢？

尤其是母親的態度和言語，總是讓我備感壓力。明明是我最愛的母親，為什麼就不能互相理解呢？

有一天，我得知人有一種與生俱來的「特質」。

我擁有的的特質是，在行動前會想先思考、說服和準備；而母親則是具有行動優先的特質。

單純只是我和母親2個人不一樣而已。

是因為這就是正確的答案嗎？

感覺困在鳥籠裡的自己終於得到自由，能夠恣意地在空中翱翔。

母親就是母親，

我就是我。

前言

感謝各位撥出這寶貴的時刻打開這本書。

在迄今為止的人生中，最讓各位感到「充實」的事情是什麼呢？

最讓各位感到「時間遭到剝奪」的事情又是什麼呢？

科技和技術帶來的時代演變，連想像不到的夢想都成為現實，在日新月異下，各個領域趨於方便，對我們來說，時間效率也跟著提高。今後隨著人類的發展，世界也會繼續發生大幅度的變化。然而，無論時代如何變化，人們的煩惱和痛苦依然不變。

尤其是不論過去或現在，甚至**在未來也不會有所變化的人際關係問題**。因為大部分的人都是在名為夥伴的「群體」中與他人共存，**人生一詞指的就是「與他人生**

活」。

另一方面，了解對方後成長並受到磨練，也是從與他人相處的過程中習得。

不過，我們卻苦於無法相互理解，或是因為語言上的表達產生誤解和不良情緒，例如「說了等於沒說」、「不是那個意思」、「無法理解」、「說的不是同一件事」。據說，**人際關係的失和，大多源自於溝通，也就是沒有達到共識。**由於這些問題，人生珍貴的時間才會遭到剝奪。

「溝通」與人際關係的問題和煩惱有著密切關係，那所謂的溝通是什麼呢？知識、能力與溝通能力並不成正比，單方面地傳達經驗也不能說是溝通。

在本書中我認為最重要、最想傳達給各位的是——

「見人說人話，見鬼說鬼話」。

意思是，「在向他人說明或建議時，要仔細考慮對方的人品和能力，用適合對方的方式說話」。這句話的由來是釋迦牟尼佛在講佛法時，會根據對方的心情、個性和脾氣來決定說話的方式。

每個人的個性和特質都不同，擅長與不擅長的領域也不同。正因為每個人能夠發揮長才的環境都不一樣，才沒有所謂的正確答案。

只要說話時想著「適合這個人、為了這個人」來選用詞彙，就能夠順利傳達。

據說**人的煩惱中，有8成都與人際關係有關**。

為什麼會苦於人際關係呢？

這是因為，不清楚、不了解自己與對方的差異。

反過來說，**只要提前掌握對方的個性、行動模式、想法、溝通習慣等，就不會**

有那麼大的壓力，能夠在預期內應對。甚至可以在溝通時，享受與對方的差異。

人有一種與生俱來的「特質」（天生具有的先天性氣質），是發展一個人個性的基礎。本書將人擁有的**特質大致分為3類，介紹適合每種特質的溝通方法**。此外，還會說明絕對不能忽視的「後天性」人格（受成長環境影響形成的性格）。這些都是以日本溝通心理學協會（溝口和廣會長）的見解為基礎，而得出的理論。

在作為國際線空服員的19年裡，我接觸過無數的人。從世界各地的人和風景中，真切地感受到許多啟發，並得到不少收穫。

之後，我以學習到的心理學知識為基礎，在各種研討會和講座活動上進行分享，例如與伴侶的關係、上下級之間的關係和溝通、養育子女等。

我之所以想要成為空服員，除了喜歡接待客人外，還想說既然出生在這個星球，就要認識更多人、親身體驗尚未看過的景色，拓寬自己的閱歷。

在今後時代急遽變化時，希望各位在人際關係中能夠留意「觀察、傾聽、說話」，也就是「仔細觀察，傾聽不懂的事情後再發表自身的意見」。在這個時代，我們每個人都是自己的主體，不要受到他人自以為的信賴、看法、評價所左右。

希望各位讀者能夠挑戰自己想挑戰的事情、成為自己想成為的人、看到自己想看到的美景。

為此，**現在不是讓占8成煩惱原因的人際關係剝奪時間和能量的時候**。

如果拿著這本書的各位能夠從煩惱中解脫，找回失去的時間和從容的內心，度過美好的人生，我會相當榮幸。

二〇二二年十月十五日

山本 千儀

CONTENTS

Chapter 2

依照「興奮↓混亂↓不高興↓煩躁」順序變化的伴侶關係之謎

Chapter 3

給疲於人際關係的你
——微妙的關係、模糊不清的相處法

Chapter 4

明明是我的父母和孩子，為什麼個性一點都不像？

——相近卻又遙遠，不可思議「親子關係」應對法

chapter 5

真正的自己是？
為什麼會不了解「自己是什麼樣子」？

Epilogue

想要和現在的你傳遞的訊息

想要盡快了解在意的人！

——從特質分析了解「人際關係」的溝通心理學

Scene 1

何謂「隱藏在個性差異」裡的特質？

人的個性究竟是如何形成的呢？

現在是一個多元化的時代，相信各位經常會聽到他人說「尊重多元化」、「尊重每個人的不同」等。

不過在日常生活中，人卻又總是會因為與周圍的想法和個性差異產生衝突，或是對此感到煩悶。加拿大精神科醫師埃里克・伯恩（Eric Berne）曾表示**「人類的煩惱中，有8成都與人際關係有關」**。

口中說著「尊重每個人的不同」，但是各位是否了解是哪裡不同？這些差異你真的可以接受嗎？

尊重多元化，前提是了解其中的不同，以LGBTQ為例，正因為了解每一族群的差異，才能夠做到尊重。

人的個性也是如此，如果知道其中的差異和特徵，就能夠尊重和理解多元性。

在人際關係中感到壓力，覺得「沒辦法與對方好好相處……」、「好難在人際關係中生存……」，是因為不了解他人與自己的不同。**「差異」可以撥開眼前的陰霾，讓人看到晴朗的藍天，減輕內心的壓力。**

因此，讓我們一起深入了解一下困擾各位的個性差異。

「人的個性差異從何而來？」

當問及這個問題時，約有9成的人會回答「因為遺傳和環境的影響」。

從歷史的角度來看，在一八〇〇年代，人的個性是由天生的特質和要素所決定。

後來，隨著心理學的發展，才開始提倡後天環境也會培養出個性的觀點。

那現在是如何呢？現代人認為，人的個性是由先天的基礎「**特質**」與後天成長環境培養出的「**人格**」所交織而成。也就是說，天生的特質與環境都很重要，同時了解這兩者，就能夠加深對一個人的理解。

人與生俱來的特質就像是核心，後天培養的人格則如同一層薄膜覆蓋在核心上。

2歲半的自我萌芽期是人類的第一個叛逆期（又稱不要不要期），在這段期間天生的特質會直接展現在個性上。

之後隨著年齡的增長，以及各種環境的影響下，覆蓋在特質上的人格膜會愈來愈厚。因此在長大後，很難看到其與生俱來的特質。

個性的組成

生長環境培育出的人格（後天性）

生長環境產生出人格與內心的煩惱

與生俱來的特質（先天性）

特質（天性）、資質、才能

一個人的個性是以先天的「特質」為基礎，加上後天生長環境培養的「人格」所形成的。

（出處）©溝口和廣　日本溝通心理學協會

人的特質大致可分為3種

特質是形成個性的基礎，以下就來詳細了解何謂特質。

首先，特質大致可分為3種。

在本書中，我根據從日本溝通心理學協會會長溝口和廣所學到的觀點，將特質，也就是形成個性的基礎，分為3種。並且結合以下理論，美國心理學家謝爾登（Sheldon）的「頭腦緊張型」、「內臟緊張型」、「身體緊張型」；德國學者克雷齊默（Kretschmer）的「同調性特質」、「內閉性特質」、「黏著性特質」；以及瑞士心理學家榮格（Jung）的「內向和外向」、「思考和情感」、「感覺和直覺」。

①理論型（I型＝Intellectual）

②感覺型（E型＝Emotional）

③行動型（P型＝Physical）

①**理論型**是重視思考的特質類型，面對任何事情都會先問「為什麼？」，在了解理由並認同後才會行動。

理論型會按照自己的想法，做好安排和準備後再行動，所以不喜歡他人催促自己或替自己著急。這個特質還有一個特徵是，喜歡理智的表達和措辭，採取分析的態度，比起已經完成的事情，更願意著眼於未來。

②**感覺型**是根據感覺或心情行動的類型，一般大多會依照印象或感覺來判斷。經常會以「這間店感覺氣氛很好，想要進去看看」、「雖然不了解，但感覺很不錯」的方式來表達的人，很有可能就屬於感覺型。

感覺型的人好惡分明，富有人情味，很容易受到情緒影響，經常會關照他人。例如購物時，只要店員親切對待，可能會連不太想要的商品都一起買。

此外，相對於理論型的人會著眼於未來，感覺型的人更重視過去。可以說，感覺型特質的特徵是經常自我反省，像是「那個時候，如果那麼做就好了……」。

③**行動型**是重視體驗的特質，很快就能做出初步行動，覺得總之就是先做做看，做了再想。這類型最大的特徵是，在了解事物背後的理論前，會先實際嘗試和理解。

認為追究事情的合理性很浪費時間，不喜歡看不到結論的長篇大論。行動型的人經常會出現的反應是，人家話還沒說完，就會以一句「所以結論是什麼？」、「先來決定應該怎麼辦吧」強制讓話題結束。

相較於未來的打算和反省過去，行動型更在乎當下。這類型的人腦中的計畫都是先解決眼前的事情再思考其他的事情，而且毫不猶豫地捨棄現下不需要的事物。

這3種特質與父母的遺傳無關，因此，即便是兄弟姊妹，也會出現特質完全不同的情況。當然，甚至連父母和子女也可能會截然不同。

首先只要了解作為基礎的3種特質，便能夠加深對各種關係的理解。而且，這理論還可以活用於應對商業上的銷售和客訴。

理論型

感覺型

行動型

Scene 2

3種特質了解「倘若杜鵑遲遲不啼，我會〇〇〇〇〇」

以下列舉一些耳熟能詳的名人，讓大家更清楚地了解這3種特質類型。

有些**理論型**的人善於發想點子。例如，創造出迪士尼樂園的華特・迪士尼（Walt Disney），以及日清食品公司創辦人安藤百福。

這些人的強項在於打造出商業模式，像是企劃、配對型業務、企劃商品、企劃活動、介紹業、仲介等。此外，也有善於分析、研究型業務的理論型。華特・迪士尼和安藤百福就屬於前者。

迪士尼樂園竣工時，據說華特・迪士尼曾表示「迪士尼樂園永遠不會有蓋完的那天，只要世界上還有想像力，就會繼續擴展」。如他所言，到了50幾年後的今天，迪士尼樂園依然以其嶄新的創意和想法震驚全世界。

擁有新穎創意的人在理論型中是直覺型所具有的特徵之一。

感覺型的人是能夠將感覺、感受和直覺投入工作的人。大多具有藝術家氣息，例如宮崎駿、手塚治虫、假屋崎省吾，以及宇多田光等。

商業界也有感覺型的成功人士，像是HONDA的創始人本田宗一郎和史蒂芬・賈伯斯（Steven Jobs）。本田宗一郎以人情味廣為人知，留下許多展現其人性一面的小故事。

其中一則小故事是，本田從社長的位置卸任後，為了向在最前線工作的員工表示感謝，開啟了巡迴全國銷售處的「握手之旅」。

本田在某工廠走到一名工人面前要求與他握手時，這位工人注意到自己沾滿油汙的手，不由自主地想要收回伸出的手。本田見狀後表示「不用在意」，並握住那位工人的手，之後還聞了聞沾在手上的油味。我認為這是一個展現出感覺型特質所重視的部分，充滿人情味的小故事。

在**行動型**特質中，有許多人具有強烈的熱情、氣勢與高度的專業。這類型的人討厭浪費，所以在改善方案和企業重建等方面會發揮出卓越的才能。前日本大阪府知事橋下徹與現大阪府知事吉村洋文等，就是典型的行動型名人。

行動型擅長預測時代的走向，也有許多人以製作人的身分活躍於社會。例如秋元康、小室哲哉、淳君，以及強尼・喜多川等演藝史上青史留名的製作人，都相當符合行動型特質。

如上所述，從特質可以得知與生俱來的潛力與才能。

以特質來分析歷史人物

以特質來分類歷史人物，能更容易理解這些人在個性上的差異。

據說織田信長、豐臣秀吉和德川家康都曾吟詠過著名的杜鵑川柳。實際上，他們是否真的詠唱過目前尚不清楚，關於其出處也眾說紛紜，但內容卻巧妙地表現出3人的個性，讓我們一一來看看。

「倘若杜鵑遲遲不啼，我便靜待其開口歌唱的時刻」（德川家康）
「倘若杜鵑遲遲不啼，我將循循善誘令其歌唱」（豐臣秀吉）
「倘若杜鵑遲遲不啼，我就將其誅殺」（織田信長）

從3種特質來看，德川家康屬於**感覺型**的人，個性尤其謹慎、細膩，從思考到採取行動必須花費一段時間。考慮其特質，可以理解他為何採取「我便靜待其開口歌唱的時刻」這個解決方法。

豐臣秀吉屬於**行動型**，就如「我將循循善誘令其歌唱」這句話所說的，這種特質的人會想說「如果不唱，就試試看其他方法」進而採取行動。

織田信長與德川家康一樣是**感覺型**，但他是一個情緒起伏強烈，好惡分明的人。如果有事情讓他感到不滿意，他有時會感情用事地表示「夠了」。「我就將其誅殺」完全展現出其這樣的個性。

此外，據說明智光秀同樣也吟詠了與杜鵑有關的川柳，詳細如下。

「倘若杜鵑遲遲不啼，我便放其自由」

「倘若杜鵑遲遲不啼，我將替其歌唱」

代表明智光秀屬於**行動型**，與豐臣秀吉一樣試圖透過行動來解決。不過，他個性溫柔、寡言，所以才會說「我便放其自由」、「我將替其歌唱」。雖然不知道是否為他本人

嗚—嗚—
倘若杜鵑遲遲不啼，也就罷了。
那不是杜鵑，但牠已經在鳴叫了！

所吟詠，但這2句真的非常符合「明智光秀」。

話說回來，如果是**理論型**的人吟詠杜鵑川柳，會是什麼樣的句子呢？或許會陷入尋找「為什麼杜鵑不啼叫？」的原因中。

可以自己試著吟詠看看，也許會成為了解自身特質的線索。

「倘若杜鵑遲遲不啼，我會○○○○○」

各位會做出怎樣的川柳呢？我是「倘若杜鵑遲遲不啼，我便與其一同歌唱」。

行為特質測驗（題目A、B）

相信閱讀本書的各位，也想要知道自己的特質。

因此，我們開發了3類型診斷測驗（問題）。題目有2種版本（A、B），請務必兩者都測驗看看。此外，如果想知道某個人的特質，可以在回答問題時，思考對方可能會採取什麼樣的行動？

問題A

❶ 有事與朋友商量時，會採取哪一種方法？

A. 先寄郵件試探一下　B. 想要見面對話　C. 直接打電話

❷ 朋友邀請參加聚會時會怎麼做？

A. 先詢問聚會的內容後再考慮　B. 有興趣就去

C. 如果是有幫助的聚會就前往

❸ 聽到以下哪一項稱讚會感到開心？

A. 你真的很可靠耶！　B. 你做人真的很讚！　C. 你好聰明！

❹ 旅行時會採取哪種做法……

A. 隨心所欲地旅行　B. 想去的地方都去　C. 先訂立旅遊計畫

5 因失敗而認輸時……

A. 想要找人聽自己訴苦 B. 立即離開現場 C. 思考為什麼會失敗

6 認為不高興的言詞……

A. 理由充足就可以說 B. 要快點轉換情緒 C. 總是做些沒用的事

7 以下哪一點會讓人感受到魅力

A. 開拓險峻道路的能力 B. 卓越的智力和毅力 C. 包容一切的愛

8 認為吃飯是……

A. 大家團聚在一起的藉口 B. 補充營養的手段 C. 轉換氣氛的方法

9 想要向他人傳達事情時……

A. 按步驟說明 B. 先說感動人心的部分 C. 從結論破題

10 購物時……

A. 比較研究 B. 大多都直接買 C. 憑直覺和感覺

⑪ 出門時……

A. 依照心情決定 B. 訂立計畫後再行動 C. 總之先行動

⑫ 擅長以下哪一點？

A. 察覺他人的心情 B. 企劃、分析、計畫 C. 開拓、實踐、改善

⑬ 斷捨離丟掉不需要的物品時……

A. 果斷丟棄現在用不到的物品 B. 留下有深刻回憶的物品

C. 思考以後是否用得到

⑭ 找到想要買的商品，但店員的態度差勁到令人不高興時……

A. 買，因為是需要的物品

B. 不買，因為看到那項商品就會想起態度惡劣的店員

C. 去其他店找找看，如果真的是必須品就再回來買

⑮ 去餐廳決定要吃什麼時……

A. 看照片或是食物模型決定
B. 比較、研究價格和內容物
C. 進去店裡前就已經大概決定好要點什麼

⑯ 在團隊和社區合作中，感到最有壓力的部分？

A. 有人思考不符合邏輯，說話容易脫離話題，想法沒整理清楚
B. 努力為大家做事，卻被當作理所當然
C. 一群人廢話太多，得不出結論

⑰ 他人說什麼話會讓人感到憤怒？

A. 你很笨耶！多思考好嗎？
B. 你做了很多白費力氣的行為耶！
C. 你很喜怒無常，動不動就生氣

⑱ 想到不錯的點子時……

A. 總之先從做得到的事情著手
B. 先蒐集資料，研究一下
C. 和他人討論或尋求共鳴，提高動機

⑲ 大家一起出門，在商店街決定要去哪間餐廳時……

A. 想要快點入座，只要不是討厭的店都可以

B. 配合大部分的人，去多數人想去的店

C. 先繞一圈看看有什麼店再決定

⑳ 什麼情況會對他人感到生氣？

A. 被對方以高高在上的態度命令或說話

B. 被隨便對待

C. 沒有聽完自己說的話，直接插嘴打斷

㉑ 腦中想像的未來是什麼樣子？

A. 沒有想太多，也許在行動的時候會找到答案

B. 認為描繪理想的未來很重要，會先從想怎麼做開始思考

C. 會想像未來，並從過去的經驗來思考自己做得到哪些事情

22 以下哪一個接近你在公司內部與人溝通的目標？

A. 決定事項能夠快速傳達及共享　B. 相互討論找到工作方向

C. 彼此分享心情

23 溝通最讓你感到困難的部分是什麼？

A. 沒有共識的對話　B. 漫不經心沒有重點　C. 不知道要說些什麼

24 朋友說他人壞話或不好聽的話時……

A. 仔細詢問朋友發生了什麼事情

B. 覺得氣氛很糟，但姑且還是先附和對方

C. 想要知道結果，直接詢問最後的發展

25 在工作上遭遇失敗時……

A. 感到情緒失落，暫時什麼事都不想做

B. 很快就整理好心情，思考下次可以怎麼做

C. 首先是檢討、分析，思考為什麼會得到這樣的結果

問題B

對於以下的問題內容，請在符合現況的框框中打（○）；不符合打（×）；兩者皆可則打（△）。

□ ❶ 認為自己比較偏邏輯性思考。

□ ❷ 經常問為什麼，最想知道的就是導致結果的原因。

□ ❸ 很少會衝動購物，一般都會事前先比較、研究價格和內容物。

□ ❹ 有煩惱的時候，比較喜歡一個人獨處仔細思考。

□ ❺ 在向他人傳達訊息時，會先說明詳細情況和背景等，再敘述結論。

□ ⑥ 在出門前，會先訂立計畫，決定前往的路線後再出發。

□ ⑦ 覺得自己喜歡分析事情。

□ ⑧ 基本上不會毫無目的直接出門。

□ ⑨ 一天到晚都在思考。

□ ⑩ 不會相信沒有根據、缺乏證據的話。

□ ⑪ 比起道理，更偏向用感覺掌握事物。

□ ⑫ 認為做事情最重要的是心情。

□ ⑬ 心情容易受到影響。

□ ⑭ 相較於仔細思考後再出手，大多都是靠直覺和感覺在購物。

□ ⑮ 屬於比較挑剔的人。

☐ ⑯ 大多都是憑感覺決定事情。

☐ ⑰ 沒有心情就無法行動。

☐ ⑱ 比起得失，更常根據好惡來判斷事情。

☐ ⑲ 無法很順暢地進行說明，但經常會想到好點子。

☐ ⑳ 容易受情感驅使，感情也比較脆弱。

☐ ㉑ 相比老實待著，經常走動更符合自己的個性。

☐ ㉒ 看到有人要想老半天才行動，都會想說幹嘛不先做再說。

☐ ㉓ 不容易感到情緒低落，很快就能整理好心情。

☐ ㉔ 經常覺得做了再想！

☐ ㉕ 想要他人先說結論。根據場合，甚至會覺得只要說結論就好。

□ ㉖ 很快就能做出決定，不太會猶豫不決。

□ ㉗ 即使思考未來的事情也沒什麼太大的意義，相較之下，先做好眼前的事情比較重要。

□ ㉘ 比起邏輯思考，更在意實踐。

□ ㉙ 屬於邊行動邊思考的類型，認為光想不做是浪費時間。

□ ㉚ 比起在家思考或是陷入沉思，更喜歡出門或活動身體。

答　案

問題A

I＝理論型　E＝感覺型　P＝行動型

①A.I　B.E　C.P
②A.I　B.E　C.P
③A.P　B.E　C.I
④A.E　B.P　C.I
⑤A.E　B.P　C.I
⑥A.I　B.E　C.P
⑦A.P　B.I　C.E
⑧A.I　B.P　C.E
⑨A.I　B.E　C.P
⑩A.I　B.P　C.E
⑪A.E　B.I　C.P
⑫A.E　B.I　C.P
⑬A.P　B.E　C.I
⑭A.P　B.E　C.I
⑮A.E　B.I　C.P
⑯A.I　B.E　C.P
⑰A.I　B.P　C.E
⑱A.P　B.I　C.E
⑲A.P　B.E　C.I
⑳A.P　B.E　C.I
㉑A.P　B.I　C.E
㉒A.P　B.I　C.E
㉓A.E　B.P　C.I
㉔A.I　B.E　C.P
㉕A.E　B.P　C.I

數量最多者即是你最明顯的特質。

問題B

請統計分數。

以○2分、△1分、×0分來計算總分。

問題 1～10總共 ______ 分（I）

問題 11～20總共 ______ 分（E）

問題 21～30總共 ______ 分（P）

分數最高者即是你最明顯的特質。

遇到問題A和問題B的結果不同時，請以B為主。

I型　理論型（Intellecual）

認為每一件事的根據和理由都很重要，首先第一句話就會問「為什麼？」。如果不符合邏輯、沒有計畫、沒有合理的理由，就很難讓這類型的人行動。

E型　感覺型（Emotional）

以感覺什麼好、哪個比較好等的方式來判斷並行動的人。首先重視的是自己的心情，容易隨波逐流，除非讓他們改變心意，否則很難叫得動他們。

P型　行動型（Physical）

對這類型的人來說，相較於邏輯，行動更重要，比起思考更想要嘗試。想要快速決定，並得到簡潔明瞭的結論。

Scene 3

為什麼會想要將人分類？

各位屬於這3種類型中的哪一種？

又為什麼要分類型呢？因為人類是一種「不了解所以想分類」、「為了了解而分類」的生物。透過將人分類來進行理解，也可以藉此整理自己腦中的想法。

例如，書店裡的書是按照類型陳列；文具店裡的筆為了讓客人看清細微的顏色差異，會分別依照顏色擺放。各位最熟悉的超市，保管方式也會根據販售商品，例如調味料、乾貨、生鮮而有所不同。像這樣依照某種規則來分類，很容易就能找到想要的商品。相反地，如果全部混在一起，就得花費許多精力和時間尋找。

不過，要說是否可以百分之一百都按照固定的類型劃分，答案是幾乎不可能。

就連本書的內容，也是包含了自我啟發、心理學和溝通等各種要素。像是在賣場找番茄罐頭，有時候會猶豫是要去義大利區還是罐頭區一樣。以分類的基準來說，我認為要分到特定要素或是傾向類型較多的區域。

當我們在食譜網上尋找看起來很美味的菜色，並試圖重現那個料理時也是同理。實際上，能夠做到70％就算是及格。

學校的考試也是，不可能次次都得一百分。日本大學聯合入學考試的及格線是70％，私立大學則是60～70％。

這個道理也適用於掌握人的個性類型。

我不認為這種分類法，可以分類所有的個性。**「區分類型」的目的是為了理解一個人傾向哪一種類型**，而不是決定那個人是哪一種類型。畢竟本來就不可能百分百進行分類。

在心理統計學中的共識是，大致上有70%吻合即代表符合。統計學中有一個名詞是「遵循常態分布」。

顧名思義，常態分布是最常見的分布類型。呈鐘型，中間平均值最高，左右離平均值愈遠就愈低。這是一種機率分布，適用於自然、人類行為和特質等現象。

此外，就人格心理學領域來說，先天性特質和後天形成的人格各占50%。**但這裡我最想告訴各位的是，首先要知道「有類型上的差異」**。

人會不自覺地按照自己的標準與他人來往，以自認為理所當然的交流習慣來對待他人，並在無意識中要求對方做同樣的事。

如果將與自己不同的類型特徵視覺化，就能減少花費在苦惱、猶豫如何尋找合適人選上的時間。

Scene 4

在意對象想法和行動模式的「習慣」是這個！

接下來，就來看一下實例。

根據特質的不同，人的思考和行動模式也會有所差異。

以決定要吃什麼午餐為例，3名同事久違地要在1個小時的午休時間一起去餐廳吃飯。

3人的特質各不相同，A是理論型、B是感覺型、C是行動型。

理論型的A想看看有什麼餐廳，交叉比較後再決定要吃哪一間，於是他表示「大家昨天晚上都吃了什麼？盡量不要重複。總之，先看看門外的菜單和餐廳再決定吧！」

A說完後，**行動型**的C感到很焦躁。行動型的人重視速度，因為這是一種想要盡快得出結論的特質。

C表示「午休只有1個小時，就直接吃旁邊這家中華料理吧！看起來很好吃。」聽到這段話的**感覺型**B，看了一眼中華料理餐廳後感到坐立不安，並表示「嗯……中華料理是也不錯，但我們3個已經很久沒有一起吃飯了，選一家氣氛比較安靜的餐廳一邊聊天如何……？」。

感覺型的人，相較於食物，更重視空間和氛圍，所以想要在舒適的餐廳用餐。

3人各有意見，感覺無法達到共識，同時午休時間也正一點一滴的流逝，勢必要有人配合他人，才能決定要吃哪一間。

3人對於「明明感情也沒有不好，但為什麼意見總是分歧」這點都感到不可思議。

理論型

感覺型

行動型

以特質為基礎的思考和行動差異，也會明顯體現在計畫旅遊的情況。方才的3人這次決定一起去旅行。今天是他們期待已久，要討論行程的日子。

在討論的過程中，**感覺型**的B看到旅遊手冊上美麗的風景照後表示「哇～從這個吊橋看過去的景色應該很棒吧！想在這裡拍夢幻的美照！我們去這裡吧！」。

B重視圖像，比起看文字思考，更容易受到視覺衝擊和美觀性所吸引。相對的，**理論型**的A稍微思考後表示「真的很漂亮，我可以理解你為什麼想去這個吊橋，但我剛剛查了一下，去那裡必須搭〇小時〇分鐘的巴士。這樣的話，可能會來不及去吃名店午餐。雖然無法去吊橋，但美術館附近還有各種商店可以逛，不僅效率更好，之後行程移動也會更順暢」。

顯然A已經在事前蒐集資料，並制定了相當詳細的行程。心不在焉地聽完A說的話後，**行動型**的Ｃ則表示「現在就得決定這麼詳細的行程嗎？為何不去問問當地飯店的接待員呢？搞不好會有新的發現」。

Ｃ的意見就這麼短短一句，Ａ卻對此感到不滿，思考了一下表示「到當地再決定不會覺得很不安嗎？如果不先安排，可能會耽誤難得的旅行時間，錯過想看的東西。先做好事前的調查比較好吧！」。

Ｃ一臉對Ａ說的話不感興趣的樣子。看著這樣的２人，Ｂ歪頭想說「之前好像也有發生過一樣的事……我們為什麼每次決定事情都這麼不順利呢……？」。

Scene 5

說話方法和用詞習慣

各位知道自己的溝通習慣嗎？

當我們與特質不同的人接觸時，有時會產生怪異感或是覺得不太舒服，例如「跟對方一直不在同一個頻道」、「彼此的想法好像都不一樣」等。

不過，**在了解每個人都有天生的特質，而且也有與自己特質不同的人後，就能夠做到包容對方**。

以剛才的例子來說，**行動型**的C無法理解A為什麼會那麼重視制定詳細的計畫，才會想說「幹嘛要計劃得那麼詳細？」。

不過，如果C知道A具有**理論型**的特質，就可以理解「原來A是屬於希望事前做好計畫的類型，所以才會那麼在意行程的安排」。

此外，C若是知道自己是行動型，就會有所自覺，知道「我想要到現場再決定，所以不擅長事前就做好規劃」。

假設在一旁看著的**感覺型**B知道A、C的思考習慣，便會在聽到2人的對話時覺得有趣。

只要知道行為模式與溝通習慣的差異，就能夠幫助各位了解、接受對方。有助於在意見分歧時，相互尊重，發揮各自的優點。

藉由觀察就能知道對方的類型

在現今這個時代，尤其是在商業領域裡，由於工作會議等活動時間有限，建議從結論開始闡述會比較好。目前愈來愈多人使用的說話技巧是「先從結論破題」、「說完結論後再闡述自己的理由和意見」。

例如，有人提出了「ＰＲＥＰ法」。ＰＲＥＰ法是指，按照Point（結論、主張）、Reson（理由）、Example（實例）、Point（結論、主張）的順序闡述的架構。於是說話內容就會像是「結論是○○。之所以會這麼說是有理由的。例如之前有過××例子。因此，我想要說的是○○」。

使用ＰＲＥＰ法，他人會更容易理解自己說的話，溝通也會更加順暢。只要觀察那些善於說話的人，就會發現其中大部分的人在闡述事情時都會留意這個順序架構。只要掌握這個技能，無論對象是誰都可以輕易地理解自己所傳達的內容。

不過，**以自身特質為基礎建立的習慣，有時也會突然顯露出來**。

我認識一位自己創業的女性，她向各種不同的人傳授自己的溝通技巧，有時也會教授他人ＰＲＥＰ法。但最重要的是，她自己平時就習慣使用ＰＲＥＰ法。

不過，她其實是**理論型**的人，屬於想要說明一大堆的類型。在休息時間或是情緒高漲時，就會顯露出原本的特質，會將最重要的結論放在最後，先冗長地說明條件或過程。

當習慣顯露出來時，**感覺型**的人比起具體的言語，更重視自己的心情或是更加情緒化。**行動型**的人則是往往會省略主詞、理由和訊息。

換言之，說話時多加留意，就能夠活用掌握的技能。但**在猶豫、煩惱時，或是感到憤怒、投入感情時，很容易會表現出原本的自己，露出原有的特質和習慣**。

◎從對方經常使用的「口頭禪」就能得知其類型！

其中尤其容易理解的是說話方式和用詞習慣。

整體來說，**理論型**的人通常會長篇大論地說明；**感覺型**的人不擅長將事情言語化，喜歡憑感覺表達；**行動型**的人則是會忘記或省略主詞，而且當別人說話較冗長，就會選擇不聽。以下來整理一下3種類型的代表性「口頭禪」。

〈理論型〉

「所以～、總之～」、「進一步了解後」、「必須要分析」、「為什麼會這麼想？」、「具體來說……」、「這是什麼意思呢？」、「原來如此，那如果再進一步思考……」

〈感覺型〉

「總感覺是這樣」、「突然來的靈感」、「好難解釋……」、「就是這種感覺」、「這是我的直覺」、「雖然不知道是什麼，但我好喜歡喔」、「感覺靈光一閃」、「沒什麼意思，就是一種感覺」、「喜歡這種氛圍」

〈行動型〉

「所以結論是什麼？」、「先行動再說」、「現在想想還是覺得很浪費」、「不做做看怎麼知道」、「到時候再想就好了」、「浪費時間」、「這麼遠以後的事誰知道」、「接著趕快進行下一步」、「與剛剛說的一樣對吧」

以上只是一種用詞的傾向，不一定每個人都會有這些口頭禪。

舉例來說，**行動型**的人在開會等場合，即便心裡想著「希望趕快得出結論」、「為什麼還要囉哩囉嗦說一大堆」等，也不一定會直接說出口。怕會讓人覺得自己做人很尖銳、不圓滑，所以大多都會選擇埋藏在心裡。

不過，**如果遇到非常緊急，或是私底下相當放鬆等時候，很容易就會說出符合其特質的言語**。也可以說，像這種一瞬間說出口的話，極有可能會體現出這個人天生特質。

該怎麼辦啊……
思考也只是浪費時間！
感覺型
行動型

Scene 6

根據特質類型決定如何溝通對應

在掌握對方的特質類型後，應該採取什麼樣的應對方式呢？

其中一個是心理學中廣為人知的方法，也就是**嘗試運用與對方相同的溝通方式**。以下讓我們從特質的角度來進行說明。

藉由和同事、朋友、家人等交流的ＬＩＮＥ為例。

面對經常用邏輯性強的句子進行說明的**理論型**，重點在於用比較具體的內容來回覆。這就是採取與對方相同的溝通方式進行交流的例子之一。

感覺型的人喜歡用「好厲害喔！」、「哇！好開心！」來表達。此外，尋求共鳴也是感覺型的一大特徵。對這類型的人說「我也覺得很厲害！」、「我懂我懂！」等附和的話語，會讓對方覺得和你說話很舒服。

行動型的人大多回覆很快，句子也很短，相對來說較容易理解。當對方是行動型的人時，不要長篇大論，最好是毫不停頓，用直接了當的話語有節奏地回覆，溝通會更順暢。

話語是禮物，選擇對方需要的話語送給他

在稱讚對方時，根據特質的類型，會產生共鳴的話語也有所差異。

稱讚**理論型**的人時，讚美其邏輯性、知識豐富、創意很好等會得到相當顯著的效果。

〈例〉

「說明既符合邏輯又詳細，很容易理解！」

「什麼都知道好厲害！」

「你很會安排耶！」

對於**感覺型**的人，讚美其人格、為人親切、善良體貼，或是稱讚有他真好，都能引起共鳴。尤其是在他人面前表達謝意，更能激發對方的幹勁。

〈例〉

「多虧有你！」

「因為你很有影響力，真是幫了大忙。」

「和你相處總是很愉快。」

對於**行動型**的人，稱讚其速度會很有效果。此外，因為他們有點支配的欲望，如果表現得自己不擅長，可以使對方感到愉悅。

〈例〉

「你速度好快！」

「好厲害喔！真讓人敬佩。」

「毫無任何拖沓，工作完成得很快。」

傳達會讓對方感到開心的話語或訊息，就等同於是送對方想要的禮物。就像是各位送生日禮物給親朋好友時，會找對方收到會開心或是想要的物品一樣。

相反地，不適合的禮物，可能會引起對方不適，讓人覺得「這個人一點也不關心我」。

尤其是奉承對方的話，不自然的稱讚可能會產生反效果。大家都說奉承的話是人際關係的潤滑油，塗得太多，會黏黏糊糊使人不舒服。並不是什麼禮物都是多送一點就會更好。

要熟練掌握能夠打動人心的話語，進行良好的溝通，就要準確地了解對方。

Scene 7

根據類型選擇推銷話術與對應客戶的方法

了解特質類型後，也可以將其應用到銷售話術和客訴應對上。

理論型客人會要求具體且詳細的產品說明。而且會先與其他公司的產品比較後再考慮是否購買。向這類型的客人說明材料的產地和製造工序的講究，並展現出優於其他公司的優點，便可以激發他們的購買欲望。

另一方面，**感覺型**的客人會看銷售員本人。因為重視人的態度和給人的感覺，相比商品本身，會更在意「是否想跟這個人買」。

此外，這類型的人，通常只要店員親切招待，即便是原本不需要的商品也可能會購入。就連大型家具往往也會以銷售員為判斷是否購買的基準。

面對感覺型的客人，重點在於要展現出努力和誠實的樣子。有許多人會因為「店員好努力，我要支持他」、「因為是你我才買」而購入。

相較之下，**行動型**的客人就算銷售員不那麼親切，也會評估當下的需求而購入。重視實際使用的感覺，所以相較於詳細地說明商品，直接給樣品讓他們試用看看，會更具效果。沒有樣品時，建議大膽創造出讓他們可以親身體驗產品的機會。

當然，事實上，人並不能乾脆俐落地直接分成這3種類型。只能說，感覺型的人可能要求介紹商品，部分理論型的人希望可以試用樣品。**不過，在販售商品時，如果可以注意到客人傾向於哪一種類型，就能夠在介紹時，提高客人的購買意願。**

有助於銷售的是「具有小小影響力」的話語

我在20歲後半時，擔任過國際線的空服員，主要是負責集團的機內銷售，並且曾多次因為達成高營業額而得獎。原本很難銷售出去的限量高級名牌手錶，我在長程線往返時各賣掉了2個，總共售出4個。

雖說如此，機內銷售絕不是一個人就能完成的工作。我固然有許多機會成為主要銷售人員，但若非在這期間有同事照顧其他乘客，我根本沒辦法專注於機內銷售的工作。也就是說，單靠我一個的力量是無法獲得表揚的。不過很顯然，其實是有一套銷售模式和說話技巧能夠促使乘客消費。

以下來看看，實際上我是用了什麼樣的話語來進行銷售應對。

舉例來說，對限定商品感到有興趣的客人詢問「我在商品目錄上看到這是機內限定，那跟一般的商品有什麼差別？」。這時我會告訴對方「這是○○品牌為搭乘本航空公司的乘客特別製作的商品。而且這是長程線限定販售的機內商品，包含國內外在內，是市面上都買不到的顏色和設計」。

遇到正在蜜月旅行的伴侶和上了年紀的伴侶，翻看商品型錄，一邊說著「要不要買呢？」、「真猶豫啊……」，一邊享受著2人一起討論的過程時，我不會打斷這段寶貴的時光，會等一段時間後再向他們搭話。

「要不要買1個當作這次旅行的紀念品呢？買2個一人戴一個看起來也棒喔！這次旅行的回憶也會留在這塊錶上」，這樣向他們推銷後，成對的乘客可能就會興奮地購買一對。

此外，也有乘客因為我推薦「把這項商品當作特別的禮物祝賀親友如何？」而購買。

還有乘客在我表示「這款手錶的設計雖然簡單，但功能相當實用，可以用很久」後，覺得心動並直接購買。

現在回想起來，對限量商品感到好奇的乘客是喜歡比較不同和差別的**理論型**；累積回憶的乘客是重視人情味的**感覺型**；喜歡可以用很久的物品，討厭浪費的乘客是**行動型**。當時並沒有深入學習心理學等相關知識，不過可能是在交談的過程中，自然而然地按照乘客的類型來進行溝通。

銷售的成功法則是，留下讓對方感到舒適「具有小小影響力」的話語。

說到如何選用詞彙，我的腦中浮現的只有一件事，就是客人購買商品後，因為得償所願而愉悅的樣子。也就是說，想像對方的未來。

現在經常會聽到有人說「比起商品本身，客人更在意購入商品後的未來」。**如果能從溝通中了解客人想要什麼、腦中所描繪的理想，**

說出口的話，自然而然地就能夠激發客人的購買欲望。

根據特質應對客人

假設現在飛機因颱風無法起飛，請試著思考要如何應對客人。

理論型的客人會要求詳細說明「為什麼不能出發？」、「沒有其他解決方案嗎？」。對於這類型的客人，只要條理分明地告知是天氣因素並且沒有其他解決方案，大部分的人都能夠欣然接受。

感覺型的客人往往會對空服員的態度感到煩躁，例如「從剛才開始，廣播的內容一直是千篇一律，應對太過呆板，覺得很不受尊重」等。

此外，感覺型另一個常見的反應是尋求共鳴，像是「如果今天回不去，你知道我會有多困擾嗎？」。

面對感覺型的人，最佳的應對方式是誠懇地傾聽他們說的話，並表示「很抱歉造成您的困擾，我們會盡快處理好問題」。在展現出共鳴感時，客人的憤怒也會逐漸消退。

行動型的客人因為等不及進行下一個行動，會問說「我已經知道原因了，那接下來該怎麼辦？請告訴我官方下一步的打算」。也就是說，對於無法起飛的原因和道歉，行動型的回答都很乾脆，他們只是想盡快知道下一步的行動。因此，在與他們對應時，要避免長時間的道歉和說明，重點在於要盡快告知「之後的打算、住宿的飯店、下次的航班時間以及座位」等資訊。

以上是以因颱風而無法起飛的例子來說明如何應對客人，但前提是要先理解**人具有特質上的類型差異，並且會因此有不同的思考習慣，才能夠在溝通的過程順利接住對方拋過來的問題**。

如果球拋回去的方向與對方所求不同，情況可能會惡化。因此，從對話仔細觀察對方的特質，方能抓住要點地溝通。接下對方拋給自己的球，並瞄準要點回答。

Scene 8

根據類型了解客訴、憤怒開關與對應方法

什麼事情會打開各位的憤怒開關呢？

特質也會表現在憤怒情緒上，**只要了解這些模式，就能夠避免說出惹怒對方的話，從而化解對方的怒意**。

以下就來看看每個特質的憤怒開關，以及其生氣時的特徵。

①對理論型的人「道歉＋原因」

大部分**理論型**的人在感覺到他人對自己說謊或是受騙時，憤怒開關都會打開。

對於不遵守規則的人也會感到煩躁。

其生氣的特徵是經常會追問原因，例如「為什麼會這樣？原因是什麼？」。這一行為的背後是渴望知道理由並接受現在這個結果。

如果對這類型的說「你也太追求道理了吧」、「說明也太囉嗦」等，就會點燃他們的怒火。這就是所謂的「地雷」，是不應該說出口的話。

面對生氣的理論型，要平息他們的怒火，就是**在道歉後，依序老實地說明造成其憤怒的事物以及自己為什麼這麼說**。

如果誠實地攤開來明講，對方很有可能會表示「原來是那樣啊」，並接受道歉。

②對感覺型的人「道歉＋傾聽、同情、共鳴」

感覺型的人在公共場合被說一些有損形象的話，往往都會感到受傷。例如，在職場上，如果追問感覺型的人「我已經說過了吧？」、「我都已經說了，你為什麼沒有做？」等，反而會激怒他們。

感覺型的人往往富有同情心，會拚命地幫助他人。但相反地，當他們的善意被認為是理所當然，沒有得到感謝，可能會覺得受到背叛，甚至會感到憤怒。

對於感覺型的人拚命完成的事情，如果表示「我又沒有拜託你」便輕盈地帶過，或是直接忘記有這件事，會讓他們受到很大的打擊。

此外，感覺型的人在生氣時，有時會說「你這是什麼態度啊？」，這是因為對於自己的心情不被理解而感到焦躁。

惹怒感覺型的人時，最好的方式是，道歉後傾聽他們的怒意，並附和表示共鳴。**相較於道歉的內容，更應該注意要用真誠的語氣、語調、態度，誠心誠意地告訴對方「我不是故意的」、「對不起，我沒有理解你還傷害了你」**。

③對行動型的人「道歉＋結論＋放低姿態」

行動型的人在遇到被他人瞧不起，或是上級用自以為了不起的樣子說話時，可能會感到惱火。此外，當有人反駁他們說的話，或是頭頭是道地批評他們，行動型的人會表示「夠了！」並關上心扉。

「不穩重」、「不可靠」等話語，對行動型的人來說都是地雷。

許多行動型的人一生氣，就會咄咄逼人地表示「為什麼不做？」、「為什麼都不行動？」。在發怒的情況下，行動型的人往往會想要支配他人，言語之間都會有種要對方聽話的感覺。

在應對行動型的人時，重點在於態度要謙虛、姿態要放低。首先，**不要一直找藉口，道歉後簡明扼要地報告詳細的內容。接著再詢問「下一步該怎麼辦」，按照他們的指示行動，就能消除對方的煩躁感。**

Scene 9

不必追求與所有人都能夠好好相處

正如本章開頭所說的，現在是多元化的時代，愈來愈多人認為要尊重各種個性和思考方式。

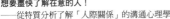

多元化的重點在於「就算與自己不同也沒關係」、「不要否認與自己不同的人」。認同多元化，並不表示要與許多人一起相處或是有相同的價值觀。例如，對大家來說是「好人」的人，對自己來說卻不是「好人」，當然也有相反的情況。

如果試圖與所有人打成一片，就有可能無法抓住真正重要的人，甚至還會面臨失去對方的風險。活得像自己的人，人際關係也會相對簡單。

即便可以從多種角度，靈活地捕捉到難以相處的人所擁有的優點，但如果覺得

一大堆
一大堆

這段關係會擾亂自己的節奏、無法度過愉快的時間、覺得時間遭到剝奪，或是受到傷害等，建議直接放棄。

不要勉強，一開始先拉開一點距離也無妨。

從無法理解的人身上學習

沒有必要迎合那些個性不合的人，但是人經常可以從不同類型的人身上得到人生啟發。這是什麼意思呢？

人在遇到想法和行動與自己不同的人時，不僅會有異樣感或不適感，還會感受到不可思議的吸引力。

這時內心會相當複雜，一方面是覺得「我無法理解那個人在做什麼」，另一方面是認為「他做到連我都做不到事，真厲害」。

從心理學的角度來看，這是一種「那個人做的事情你也能做到」的潛在訊息。在受到養育者和成長環境的影響，我們可能從小就將真正的自己壓抑在心裡。

舉例來說，在他人面前沒辦法大膽地展現自己、難以依靠他人、無法對自己不喜歡的事情說不。看到有人可以在他人面前坦然地表現自己、善於拜託及依靠他人、對不喜歡的事情能夠乾脆地說不時，會覺得「太過直接，看了很刺眼」。然而，在內心深處其實很羨慕那個人。因為在潛意識中，渴望自己也能夠成為那樣的人。

遇到與自己不同的人，或是覺得難以應付的人，請冷靜地觀察一下「為什麼看到那個人就覺得心煩意亂」、「為什麼會感到不高興」。可能會發現「其實自己也想要那麼做」。

Scene 10

改善人際關係是有順序的！

以下，讓我再總結一次產生人際關係問題的原因。

造成煩惱的主要原因之一是與生俱來的「特質」差異。

即便知道對方與自己合不來，但是不知道為什麼？有什麼不同？就會一直處在這種困惑不明的狀態。

就如同我之前所介紹的特質類型，在了解每一種特質後，就會像是獲得正確解答一樣感到神清氣爽。

將特質可視化，知道彼此的不同，就會知道「原來我們是因為這樣的差異而無法達到共識」，進而消除內心的困惑感。

人的個性是由先天的特質和後天培養出的人格所組成。後天性的人格大多深受養育者的影響，也有人並不知道自己具有不像自己的錯誤認知，和了解事情的方法。此外，也有人因為死板的工作，腦筋變得頑固不靈活。還有一直都過著自由自在的生活，討厭他人替自己做決定，缺乏協調性的人。

這種後天性的人格差異，會對人際關係問題產生極大的影響。

造成煩惱的第3個原因是，表情和語氣等非語言因素。

這就是現在廣為人知的「麥拉賓法則（the rule of Mehrabian）」。

即使對談話內容沒有覺得不適，但如果對方態度冷漠或是表情陰沉，內心也會懷疑「他真的有在聽我說話嗎？」、「他覺得我說的話很無聊嗎？」，進而使彼此的關係產生裂痕。

為了改善人際關係、溝通不良的問題，建議最好了解以下介紹的「順序法則」。

❶ 了解自己以及了解與他人的差異

首先，讓我們來探究自己為什麼與他人溝通時難以達到共識？為什麼容易感到苦惱？為什麼會覺得不舒服？為此，**要掌握自身的特質和特徵等，並了解自己與他人的差異**。

❷ 試著稍微配合對方

接著，嘗試了解想改善關係的對象有什麼樣的特質和特徵，例如伴侶、孩子、好朋友等。**首先是主動配合對方的方式來溝通**。

關係無法順利改善，是因為想將對方引導至自己思考的方向，勉強對方迎合自己。即便認為「明明只是希望他這麼做而已，為什麼他都不懂」，只要試圖強迫改變他人，溝通就不會順利，而且還會加深彼此之間的隔閡。

與其這樣不如用讓對方感到舒適的方式進行溝通。先試著迎合對方，相信對方的反應也會慢慢地產生變化。

對方會覺得溝通更順利，交談的過程相當舒適，例如「跟以前相比談話上比較沒有問題」、「他終於理解我了」。如此一來，想要報答的心理現象「互惠規範（norm of reciprocity）」就會產生作用。透過相互變化，雙方的關係就會好轉。

❸ 最後是傳達自己的想法

不過，一味地迎合對方，也無法維持良好的關係。最後一個步驟是向對方傳達自己的想法。

「其實我不喜歡被催促，有時會晚一點回信，如果能等我一下，我會很感激」、「『請想想看』這句話會讓我沒有幹勁，希望可以讓我按照自己的想法行動」等，將自己最想得到理解的事情傳達給對方。藉由傳達自己的想法，加深彼此的理解，有助於雙方建立良好的關係。

簡單整理一下流程，**依次是了解自己↓了解與他人的差異↓理解並稍微配合對方↓對方有所改變↓傳達自己的想法**。這就是改善人際關係與溝通不良的捷徑。

我是○……?
這裡錯了!
試著配合對方!
其實我不是□是○
OK!

事實上，我們閱讀書籍的時候，經常會不自覺地察覺到特質上的差異。例如，**理論型**的作者擅長寫「○○邏輯思考」類的書，並且容易吸引同樣是理論型，且尋求具有分析性、深入話題、內容扎實的讀者。

感覺型的人則會對感性的內容和感人的故事產生共鳴。因此**感覺型**的作者寫了「○○直覺力」、「打動人心的○○」等為題的書，就能夠抓住同樣是**感覺型**的讀者。

行動型的作者寫的書大多是以重視速度為題，例如「○○行動力就是一切」、「工作迅速的○○時間管理術」，因此**行動型**的讀者會受到這些標題和內容吸引，想立刻拿起來閱讀。

如上所述，作者和讀者的契合度也與特質有關。也就是說，書櫃上也隱藏著用特質來解讀個性的提示。因此，也可以多加留意自己與對方喜歡的書籍。

COLUMN

飛機有多種操控方式

我在開始從事空服員的工作後，有一件事讓我相當訝異：根據飛機機型，操作方法也會完全不同。

開門的方法、逃生的方法、降落到水面時的應對等都不一樣，如果不記住各種機型的操作方法，就無法應對緊急情況。即使是同一家航空公司的飛機，只要機體大小不同，操作方法也會有所差異。

對我們空服員和保安人員來說，應對突發事件是最重要的工作，絕對不允許出現應對上的錯誤。當時，我牢牢地記住2本厚約10公分的使用手冊。書中在細節上甚至規定，為了在緊急情況下快速逃離，飛機著陸前要將座椅靠背恢復到原本的位置。

根據機種有不同的操作方法，這點與人際關係也有相通的部分。人的特質和個性上也有特徵，只要能夠明確理解「各自的差異」，就可以容忍、接受對方的習慣。

而且，根據對象改變應對方式，還可以繼續維持良好的關係。

了解「差異」非常重要，如果將煩惱根源**從「不知道」轉變為「知道所以可以應對」**，就能減少人際關係的煩惱，將問題降到最低。

知道哪裡不同……？
雖然總覺得
有哪裡不同……

打開!!
白頰鼯鼠
鼯鼠
啊！
白頰鼯鼠!!

Chapter

2

依照「興奮→混亂→不高興→煩躁」順序變化的伴侶關係之謎

Scene 1

與自己相似的人比較好嗎？不同類型的人一定會不合嗎？

「最後還是得和相似的人在一起嗎？跟其他類型的人真的都不合嗎？」

這是我在分析人際關係（伴侶關係等）時，尋求建議的人和學生最常問我的問題。本章我想要與各位一起思考，什麼樣的想法和方法，有助於建立更好的伴侶關係。

各位是否曾在戀愛關係中喜歡上與自己不同類型的人？

據說，人會受到自己沒有的特質所吸引。例如，內向的男性喜歡善於交際的女性；悠悠哉哉、我行我素的女性認為有行動力的男性很帥氣，這些情況並不少見。

事實上，人之所以會覺得不同類型的人有魅力，與本能的需求也有關係。因為相似的人有著相同的弱點，當發生緊急事件時，物種（生物）可能會有滅絕的危險。相反地，不同特質的人在一起，就可以互相補足，從而生存下去。

因為生物的本能殘留在自己的基因中，才會在下意識中尋找與自己不同的類型。

與不同類型的人在一起時，**一開始時會感到興奮、心跳加速**。將對方與自己的差異當作一種魅力，並覺得新鮮刺激。但隨著一起度過的時間愈來愈長，興奮感逐漸消失，還有種奇怪的感覺。

內心出現疑問的次數增加，覺得很混亂，例如「嗯？感覺和我想的不一樣」、「為什麼我們會有分歧？」。

在反覆出現相同的疑問後，內心愈來愈不高興，結果變得非常在意對方的習慣和行動模式。例如，忘記聯繫、左耳進右耳出、每個小細節都要問、將杯子放在桌子邊緣等，**每當看到這些非常瑣碎的事情，煩躁的開關就會打開**。

有不少伴侶都會陷入這個**興奮↓混亂↓不高興↓煩躁的流程**，最終以「我們果然不適合」而分開。另一方面，各位可能會覺得意外，但其實伴侶特質相同的情況，有時得花更多的時間來解決問題。接下來我要介紹一個過去的諮詢案例，主角是同為**理論型**的伴侶。

由於2人是相似的類型，平常都是悠閒和睦的相處，但發生問題時，2人採取行動的速度都會比較慢一點。雙方行動前都必須先說服自己，考慮各個方面，詢問對方的態度。導致形成一個互相牽制的情況，例如「要什麼時候做？」、「這次換你解決吧」、「還是我來嗎？」，結果2人一直處於平行線，連只是要換1顆燈泡，都會遲遲毫無進展。

如果這對伴侶中有一方是**行動型**，問題很快就會解決。但在這種情況下，很有可能因為雙方採取行動的速度、對話間的誤會等，出現溝通不良的狀況。

接下來要介紹的是，包括男性與女性本能差異在內的不同類型模式。

男女不同的動物本能

本書到目前為止，已經針對特質差異進行了各方面的介紹，但**說到男性與女性，就必須了解動物本能的差異**。

人類動物的本能是基於過去打獵獲得糧食的記憶。以目前的定論來說，在史前時代，男性負責打獵，女性負責採集和養育子女。

負責打獵的男性為了尋找獵物，必須眺望遠方。另一方面，女性為了生育、保護孩子，必須要經常巡視周遭。因此，**男性擁有看得更遠的能力，女性則獲得能夠看清近處的能力**。

事實上，根據一項研究顯示，當2位相互認識的男性和女性從遠處靠近彼此時，男性會更快地發現女性。由此可知，男性更擅於察看遠方。

男性不會注意到芥末放在冰箱哪裡

關於男、女性視野的差異，各位是否曾遇過類似的事情呢？

在家裡，妻子說「爸爸，可以幫我從冰箱拿芥末過來？」時，丈夫可能遲遲都找不到。

「咦？在哪裡？我沒看到啊……」

「就在打開冰箱門後，最先看到的盒子裡啊！」

「哪裡啊？」

「右邊啊！右邊！」

丈夫轉向右邊，但卻仍然沒看到芥末。

相反地，男性可以清楚看到冰箱裡面，因此丈夫眼尖地發現一直放在冰箱深處的食物。

「是說這個布丁已經過期了耶！」

「什麼？已經放那麼久了嗎？」

「一直放在冰箱最裡面啊……」

「真是的，不要管布丁了，找到芥末了嗎？」

也就是在日常生活當中，男性與女性會因為視線、視點的差異導致細微的分歧，這些分歧最終會成為促使**焦躁**的導火線。

男性與女性的本能差異，對伴侶關係的影響尤其強烈，以下就帶各位了解這點。男性具有前方呈橢圓狀眺望的視野，女性則是具有寬廣、完整的視野。因此，一般來說，**男性較難看清距離近的事物；女性難以看清距離遠的事物**。這一特徵在養育男孩時經常能夠感受到。

日語中有句話是說「男性は釣った魚に餌はやらない（對於已經釣到的魚，男性不會再餵食）」。這是比喻男性不會再討好關係親密的女性。這點表現了男性對近處的人事物不太關心，一心關注遠處的特質。

有時會想說「各位男性，請小心在身邊最支持你，總是為你加油的珍貴之人會離開你」，不過，如果女性也理解男性和女性在特質上的差異，彼此的分歧就會減少一半。

除了男女性的差異外，連個性的類型都完全相反的人，也是一種會讓自己看到從未見過的世界，給予強烈刺激的存在。與完全不同類型的人一起生活的經驗，會成為拓寬自身視野、為自己帶來成長的契機。**正因為價值觀的不同，才有助於成長**。

面對差異時，**建議抱持好奇心來看待**，例如「真是有趣耶」、「再次了解人與人之間有多麼不同」等。**如此一來，應該就能維持良好的伴侶關係**。

「最後還是得和相似的人在一起嗎？跟其他類型的人真的都不合嗎？」

在面對這一提問時，我首先會反問對方：

「你想要什麼樣的伴侶關係？」

若是想要安穩的生活，盡量不要產生衝突，不需要探索或接受刺激，那選擇類型相似的伴侶會更適合。如果希望2個人在一起可以發現許多新事物，互享彌補彼此的不足，甚至不介意有時會覺得對方是外星人，則建議選擇不同的類型。

Scene 2

看得見對方己讀不回的原因

之前已經了解了男性與女性的差異，但在這裡主要是想告訴各位，與其從男女本能或男女腦來看，不如從特質的角度來了解伴侶，更能避免產生人際關係上的問題。

人有時會受到特質類型不同的人吸引，對自己不具備的部分覺得富有魅力，並會認為「這個人很棒！」。

像這樣，不同類型的人相互吸引，進而交往或結婚的例子並不少。事實上，**來找我諮詢的情侶中，有7成都是與不同特質的人結婚**。

與其他特質的人交往或結婚，有許多部分可以相互補足，然而，也可能會因此成為苦惱的原因。正如先前所說的，不知道什麼時候會開始感覺到彼此個性上的差異。

例如，特質差異經常會表現在溝通方式上。

在使用LINE聊天時，常見的問題是「在意對方已讀不回」、「為什麼已經讀了卻不回覆？」。

同樣是已讀不回，原因會因特質而異。

首先，**理論型**的人已讀不回，有時是在考慮要怎麼回覆比較好或是在思考用字遣詞，尤其是工作等方面想要考慮各個條件時，回覆可能會比較慢。

感覺型的人因為各種事情忙得不開交，或是心情不好時可能會已讀不回。感覺型的特徵之一是，情緒低落時，可能連回覆訊息的力氣都沒有。不過在心情愉悅或時機正好時，會回以飽含真心的文字。

行動型的人與其他特質的人相比，可以說是經常回覆，鮮少已讀不回的類型。

此外，在覺得需要明確的答覆，或是口頭說明能夠更快做出決定時，極有可能會直接打電話。不過，當行動型正專注於其他事情時，還是會出現已讀不回的情況。行動型不擅長多工處理，注意力只會放在一件事情上，所以會在一段時間後才發現「啊！不小心已讀不回了！」。

在知道對方已讀不回的原因後，便能夠理解對方沒有惡意。即便行動型的男友沒有回覆LINE，也不會覺得失落。「是說，他之前有說最近負責一項大型項目。可能現在正在專心工作，所以才會比較晚回覆」，若是可以這樣接受對方的已讀不回的行為，就不會感到那麼煩悶。

傳達自己的心情也很重要

對於那些即便如此，仍然會因為對方已讀不回而感到煩悶的人，這裡準備了3種與對方溝通的方法。

要怎麼回比較好呢？
嗯~~~~
理論型
今天沒有心情回覆啊~~
叮咚~
感覺型
專注！
專注！
叮咚~
叮咚~
行動型

第1種方法是，**盡早傳達自己的感受**。坦率地表示「其實我想聽聽你對這件事的看法，所以希望你可以快點回覆」或是「發個貼圖也好，讓我知道你有看到」等，伴侶應該也能理解。

雖說如此，也不能總是要求對方快點回覆，而且對方也有可能因為身負要事而無法馬上回覆。第2種方法是，暫時將已讀不回這件事放到一旁，專注做完自己的事情。**將思緒轉移到其他目標，緩和煩悶感**。

第3種方法是，**向想法與自己不同的朋友尋求建議**。想法不同的朋友，很有可能具有不同的特質。尤其是平常言行舉止與伴侶相似的朋友，其具有特質也許和伴侶一樣。

舉例來說，當男朋友是**行動型**時，向行動型的朋友尋求建議，或許就能得到明確答案。例如「我覺得妳可以直接跟他說『快點回覆！』，他不會怎麼樣，因為像我就不會在意這種事」。

Scene 3

男性腦與女性腦的迷之逆轉模式？

如同我在87頁所提到的，除了男女本能上的差異，社會上可能會以大腦功能的不同來解釋男性與女性的差別。

最常聽到的說法是，「男性重視邏輯和實用性」、「女性更注重情緒共鳴」等傾向上的差異。或是經常聽到人家說，女性在吵架時更容易感情用事。

因為吵架心情變得不好時，大腦中與共鳴和情感等認知功能有關的「前扣帶皮層」會產生作用。部分腦科學家主張，女性的前扣帶皮層功能高於男性，因此更容易覺得心痛流淚或是做出情緒性的反應。

另一方面，有一種說法認為，男性在吵架時會分泌男性賀爾蒙「睪酮」，受到睪酮的影響後，比起與他人對話更想要一個人待著，進而突然沉默不語。

關於男性腦與女性腦的說法，有表示認同的意見，也有不認同的意見。還有不少人提出否定這個關於大腦機制的說法。

我自己不是腦科學專家，無法對男性腦與女性腦說法的正確性做出評論。對於這個說法，我是抱持著中立的態度。

不過，就我諮詢他人的經驗來說，我的確有感受到男女動物本能上的差異。

共鳴男與結論女

從特質的角度來看，經常會出現與一般認知的男性和女性傾向相反的情況。

例如，**感覺型**的男性中，有許多人非常浪漫，也很容易產生共鳴，會細心關照女性。

感覺型的男性與女性交往後，大多會在約會時預約氣氛好的法式餐廳，或是送一束花等，展現出女性會喜歡的一面。

有位男性（K先生）第一次約會時，帶女朋友去一家氣氛良好，還可以欣賞夜景的餐廳。K先生自己很喜歡氣氛佳的餐廳，而他也相信「女性也會喜歡這種地方」。

然而到了餐廳後，女朋友一臉對夜景不太感興趣，對於端出來的料理也幾乎沒有什麼反應。

K先生不禁想說「奇怪？她好像不太喜歡……是我做了什麼讓她不高興的事嗎？」。

無論怎麼想，都想不到女朋友態度冷漠的原因。這讓K先生困擾不已。

探究其原因，可能與特質差異有關。其實女朋友是行動型的人，個性也很大方、爽快，對於感覺型的人表現出的細心體貼，一般都沒什麼太大的反應。但從感覺型的角度來看，會覺得她似乎並不開心。

從特質來說，女朋友可能是將飲食視為營養來源，而且個性相當務實，經常會從現實面來思考。例如，「吃法國料理好棒喔！但之後還有時間購物嗎？一束花啊……家裡有可以插花的大花瓶嗎？」。

此外，經常有感覺型的男性在諮詢時對我說「我的老婆有點太大喇喇了」、「會像男性一樣問我所以呢？」。就算在生日或結婚紀念日安排各種活動，伴侶的態度也都很冷漠，讓人感到寂寞。

奇怪？不是應該要這樣嗎？
夜景和花都好棒，謝謝♡
想趕快吃完去購物……
行動型
感覺型

不過，如果相互知道彼此的特質，就能夠理解伴侶的行為。例如，行動型的女性大多不太重視氣氛好的餐廳或是浪漫的活動。當然，並非所有行動型的女性都是如此，但請務必記住，這類型女性的個性相對務實。

高需求的感覺型丈夫

接下來要介紹的是感覺型男性。

如果一定要將男、女腦和特質相互對照，可以說男性腦接近理論型，女性腦接近感覺型。不過，正如先前所說的，**現實中有行動型的女性，也有感覺型男性**。

就男、女腦來說，感覺型男性更接近女性腦。就像剛才提過的，他們通常偏向感性，「個性溫柔且富有同理心，也就是所謂的中性」。

我身邊的女性中，有人的男性伴侶就是這種類型。

據她所言，早上她在家裡為孩子做便當時，丈夫會走過來對她說「〇〇（妻子的名字）妳聽我說喔！我拔了草，還幫花澆水了喔～妳有聽我說話嗎？」等，總是一副想得到稱讚般地對她說話。

她趕著在有限的時間內做好便當，對一直講個不停的丈夫感到厭煩。

「你沒看到我現在正在忙著做便當嗎？」

在聽到她這句話後，丈夫會安靜地離開，但隔天一樣會在她忙碌的時候，說些無關緊要的話。

「我先生這什麼『高需求』體質啊？」她有時會覺得自己的丈夫難以應對。

相對於她丈夫是**感覺型**，她自己則是**理論型**。她屬於凡事經過邏輯思考並判斷的類型，**對丈夫的煩躁感似乎是源自於特質上的差異**。

進一步詢問後，發現她丈夫的雙親也都是**行動型**。父母總是忙於工作或是其他活動，在其小時候，父母從來沒有好好聽他說話，而且從未給予過他任何關心。

感覺型的丈夫尤其追求共鳴和依賴，但在成長過程中這些都沒有得到滿足，因此在結婚後，才會轉而向作為伴侶的她尋求共鳴和依賴。

一般說到「高需求」，大多都會想到女性，但也有一些情侶是男性那方更尋求共鳴。

僅憑男性腦、女性腦無法解釋的男女個性差異，可以透過特質來解讀，並且還能夠清晰地了解當事人的謎之個性。

這對伴侶的情況是，只要妻子將注意力轉移到丈夫身上，認真傾聽對方說話，從而就能改善伴侶關係。

Scene 4

只要知道就能乾脆地理解和容許

以下再列舉幾個案例，深入探討關於男女伴侶的關係。

理論型男性在家裡要添購新家電時，大多都會建議妻子「要先詳讀說明書」。然而，**感覺型**的妻子是屬於在實際使用的過程中記住有哪些功能的類型，所以不想從一開始就閱讀說明書。對於感覺型的妻子來說，說明書的定位是「束手無策時的最終手段」，伴侶之間因此產生分歧。

通常一般人的印象是，男性：熟悉家電，能夠按照理論使用；女性：對家電不熟，靠感覺使用。其實也有與此完全相反的伴侶，丈夫對說明書敬而遠之，妻子更熱衷於參考說明書。在這種情況下，很有可能丈夫是**感覺型**，妻子是**理論型**。

先去開車的丈夫

丈夫是**行動型**，妻子是**感覺型**的伴侶之間，會出現類似於一般所說的「男、女腦」問題。妻子強烈需要相互共鳴，但丈夫總是急於行動，很容易發生口角或爭吵。

例如，一家人一起外出時，例行公事是確認門窗是否鎖好、家電電源是否關掉等。妻子想要丈夫也一起幫忙，但經常出現性急的丈夫丟下一句「我先去把車開出來」就出門的情況。

在好不容易做完準備工作，妻子上車的瞬間，丈夫有時甚至尚未確認妻子是否已經繫好安全帶就踩下油門。

即便妻子提醒說「等一下！我安全帶還沒繫好！」，下次出門時依然會重演相同的戲碼。

遇到這種情況時，最重要的是，彼此之間確實傳達「我想這麼做的」原因。首先，試著直接了當地詢問「為什麼自己先跑去發車？」」。

也許對方會回說「天氣太冷了，想說先發動引擎熱車」。聽到這個理由後，就會知道伴侶並不是出於自私的想法而行動。

問清楚原因後，傳達自己的需求。

「我很高興你考慮到時間，先去發車，但是我希望你可以先一起關門窗，收拾好家裡。」

像這樣傳達給對方，伴侶的行為也會慢慢地改變。

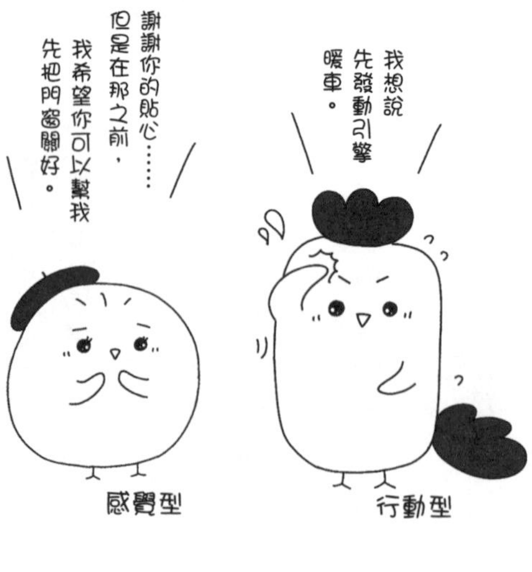
我想說
先發動引擎
暖車。
行動型
謝謝你的貼心……
但是在那之前，
我希望你可以幫我
先把門窗關好。
感覺型

想要馬上得到結果的行動型

我有一位學員在成為特質分析顧問後，跟我分享了一則案例。

有位男性來找我的學員諮詢，他表示「在家裡，只有我一個人無法理解大家的心情」。這位男性有一位妻子和一對雙胞胎子女，但只有他是**行動型**，妻子與孩子都是**感覺型**。

這位男性又是行動型中尤其急躁的類型，對於與家人想法分歧這件事相當痛苦。特別是孩子在處理事情前，他就會擅自先提醒他們，導致家人都無法跟上他的節奏。

我的學員作為顧問，告訴這位男性：

「我了解你想要督促家人行動的心情，但在此之前，請先試著同理家人的想法。**不要急著反脣相譏，要同理家人的心情，聽他們把話說完**。如此一來，家人的反應一定也會改變。」

這位男性也理解自己是家裡唯一一個急於行動的行動型，於是他表示「原來如此，我明白了，我回去馬上試試」後就離開了。

但是1週後，男性聯繫我的學員說「那個……前幾天我試著實踐你的建議，但還是沒有什麼變化……」。

學員問我「我應該要怎麼跟這位男性解釋比較好呢？」，我笑著回答「試著跟他說『不愧是行動型，想要1個禮拜就看到效果，很有您的風格。但是建議稍微再花點時間』」。

看樣子這位注重速度的行動派，似乎因為1個禮拜內沒有得到效果，就感到心煩意亂。

遇到這種情況時，必須要讓他知道，自己的標準速度比其他人還要快這件事。

Scene 5

不用擔心！只是對方表達愛意的方式不一樣

世上有不少情侶，因為無法正確接收對方表達愛情的方式而產生分歧。造成分歧的原因，大多是不了解彼此類型的差異。反過來說，**只要理解雙方的差異，就能夠發現每個人表達愛情的方式並不相同**。

以下的例子是我自身的經歷。我在還是JAL訓練生的時代，有一位交往的對象。因為是遠距離戀愛，平常很少有機會見面，只能偶爾打電話聊天。畢竟那個時代，不要說zoom和LINE了，連簡訊和手機都尚未出世。

我在航空公司時，與同期的訓練生之間有著深厚的感情。當時在面對嚴格的訓練時，我們經常互向打氣「一起結訓搭上飛機吧！」。

後來有一次，只有我一個人出現嚴重的貧血症狀，差點在培訓中淘汰。「再這樣下去，只有我一個人不能搭上飛機。無法遵守大家一起畢業的約定……」我不斷地獨自苦惱著。當時在電話中向男友傾訴我痛苦的心情，後來我收到他寄來的一封厚厚的信。

想著「是寄了什麼？」打開信封一眼就看到「何謂貧血！」，裡面密密麻麻地寫滿關於貧血症狀的基礎知識和改善方法。

「貧血是指……每天攝取○克菠菜……豬肝要○○……」讀著像是教科書裡的這段話後，我感到頭暈目眩。雖然很開心他這份心意，但是又覺得有點不滿意。

表達愛情的方式因人而異

我在25年後才得知當時感到不滿的原因。

對方是典型的**理論型**，是擅長分析、蒐集數據後給出答案的類型。為了我努力尋找解決的方案，拚命地查詢關於貧血的訊息，並在彙整好後寄給我。

然而，我並不是想要他提供我解決方案，我想各位都已經知道了，我想要的是共鳴的話語。

也就是「妳一個人很苦惱嗎？是不是很累？不用擔心，有什麼事隨時打給我。這個週末我可以去找妳嗎？」這樣的反應。我並不是在向他尋求解決方法，而是希望在我感到孤獨、焦慮時，他能陪在我身邊。

順帶一提，這樣的回答，是**感覺型**男性擅長的領域。

如果他是**行動型**，在同樣的情況下，會採取什麼樣的反應呢？

行動型習慣轉換想法和採取行動，可能會表示「不要苦惱，試著轉換心情吧！有沒有攝取營養劑或是調查貧血的原因呢？」，以此鼓勵我動起來。

理論型或行動型的男性所說的話，適合與那位男性具有相同特質的女性，但如果能稍微產生一點共鳴，就能鼓舞感覺型的女性。

當他人表達愛意的方式與自己預期的不同，便會覺得有點怪怪的。有時甚至會疑神疑鬼地想說「他是不是不愛我」，進而導致關係出現問題。

然而，表達愛意的習慣會根據特質而不同，只是表達的方式與自己不一樣而已。**即使方式有所差異，其實只要知道對方其中飽含對自己的深厚的愛情，就能切身感受到對方的愛**。

此外，有一種應對的方法是，**若是能夠坦率地告訴對方自己會覺得愉快的行動和表達方式**，就能避免雙方之間產生分歧，也能夠進一步加深彼此的理解。

Scene 6

找尋伴侶的地雷和安全地帶

「沒有詳細說明！事後才來告知真的讓人覺得很煩燥！」
「當我情緒低落時，獨自一個人會感到非常不安。」
「無法接受一直受到干涉，或是長篇大論的說教。」

這些話之所以會成為一個人的地雷，很有可能與當事人後天經歷的創傷有關。

例如，一直受到對方單方面的溝通和行動左右，有過無法忍受的厭惡感；小時候曾經長時間一個人看家，或者因為迷路過覺得非常不安；曾有長期受到養育者和伴侶束縛，必須服從對方命令的經歷。

隨著這些負面情緒長期累積，只要發生一點類似的事情，當事人就會像是踩到地雷一樣，情緒出現劇烈的動搖。

尤其是在伴侶關係中，了解「**地雷**」相當重要。

首先，為了避免踩到地雷，必須互相告訴對方「**自己不喜歡什麼事情**」。之後，開始慢慢地進行清除地雷的作業，也就是說，讓對方知道並非所有事情都如他想的一樣，進而幫助建立更良好的伴侶關係。

知道要如何道謝才能感動對方的心

在表達感謝時，其實每種類型的人覺得受用的方式都不一樣。

對**理論型**的人來說，「說明簡單易懂，你好聰明喔！真是幫了大忙！」會讓他們更開心。

對**感覺型**的人來說，建議展現出坦率開心的樣子。此外，因為是人情味十足的特質，最有效果的方式是，在他人面前感謝其存在和行動。例如「各位，這次多虧了○○花了許多時間和精力，才能夠準備得如此周全」。

對**行動型**的人來說，如果用尊敬之意傳達感謝之情，像是「謝謝你做那麼多，真的讓人感到敬佩」他們會非常開心。

感謝的重點不在於數量，而在於「如何感動對方」。

其實理論型、感覺型、行動型的人還可以分別根據志向劃分為「個人型」和「環境型」。也就是，分成不擅長跟很多人待在一起，只想和少數人或是一個人待著的人，以及一個人待著就會感到孤單的人。個人主義型的人，在獨處的時間能夠為自己充電，集團主義型的人，普遍是從同伴身上獲得能量。

無論是家人還是工作，最理想的是彼此都有各自的**安全地帶**，但最重要的是要知道，並不是大家都跟自己一樣，尊重每一個人的獨特性。

Scene 7

根據特質類型的上下級說明書

以特質為基礎的溝通，不僅可用於**銷售活動**、**客訴應對**等「面對客人」的情況，對於**培養人才**和**建立心理安全**等組織內同事關係也有幫助。

不同特質類型的主管特徵

理論型主管的特徵是，前期說明長篇大論，從準備到得出結論需要花一段時間。下屬的報告必須詳盡。如果下屬是能夠簡單彙整事務並立即行動的人，組織內的循環就能得到改善。

感覺型主管大多都會表現出自我，說話充滿感性，並提出豐富的創意，但不擅長講出理論和訂立計畫。由於主管偏感情面，下屬建議是要能夠彙整具體事項（包括數字），可以冷靜、客觀地看待事物的類型。

行動型主管會將行動放在第一順位，他們大多會邊跑邊撿武器，隨時改變前進的方向。大部分的行動型主管都不擅長培養人才，認為「比起教下屬，自己做才能

更快得到成果。有時間的話，與其花費在培育人才，不如自己動起來更有效率，自己行動更輕鬆」，因此他們經常移動，不會一直待在同一個地方。由於主管會經常不在，必須要有可以負責組織管理的下屬。

許多案例顯示，在上下級的關係中，特質不同更容易得到共識，也能夠彌補彼此的不足。因此，**不要害怕特質差異，關鍵在於要積極思考如何相互補足**。

不同特質類型下屬適合的教導法

以下彙整的內容是，不同特質類型下屬所適合的教導法。

❶ 理論型下屬

理論型重視程序和步驟，最好**事前傳達完整計畫和進行的方法**。制定詳細的行程，**提供一份說明手冊，並按順序傳達**也會得到顯著的效果。要注意的是，如果突然告訴他們「總之先做做看就知道了」，很有可能會讓他們感到混亂。

② 感覺型下屬

感覺型下屬強烈希望主管能夠了解自己的現況，所以在工作的間隙要重點式的幫助他們。**表現出隨時都與下屬站在一起的態度**，例如「有沒有什麼問題？」、「如果有什麼不清楚的地方，隨時可以發問喔！」，他們就能夠安心工作。

③ 行動型下屬

行動型重視實踐，**嘗試與他們一起工作，讓他們模仿自己的處理方式**，會得到顯著的效果。也就是類似於所謂的ＯＪＴ（On the Job Training）培訓法。此外，行動型的下屬，大多會是傾向於事後報告的類型，像是「〇〇我已經事先做完了」。不擅長事前與主管討論，或是先打好基礎，所以總是將行動擺第一。

由於有些情況是時機尚早，或是沒有必要採取行動，此時若是有行動型下屬，

則必須告訴他們「做任何事情前，一定要先報告」。

希望管理職的人能夠理解，「自己和下屬的節奏，以及採取行動的速度會根據特質有極大的差異」。即使自認為是適當的節奏，對下屬來說可能過快或過慢。因此，應該盡早掌握下屬適合的節奏。

這是這次工作的企劃書、
行程表和流程！
理論型
還OK嗎？
有什麼不清楚的地方，
隨時可以發問喔！
感覺型
進行的狀況如何？
行動前務必先報告喔！

Scene 8

將特質的差異活用在工作上

一位餐飲業店長找我諮詢，他表示「都找不到適合的員工。原本以為是優秀的人才，但實際要求他們工作時，表現卻不盡如意」。

交談過後，我發現這位店長是**行動型**，而且總是錄取與自己不同特質的人。對於與自己不同類型的人感到新鮮並深受吸引，**期待錄取後「能夠彌補自己的不足」，但實際採用後，卻因為彼此的行動速度不同而感到不知所措**。

因此我建議他，在**招募新人**時納入「行動特性測驗」（本書的測試方法請詳30～40頁）和「Egograms測驗」（詳見247～252頁）。

理想的情況是，一個組織內有許多不同類型的員工，以便於應對各種客人。

此外，不要含糊地用感覺來評價，例如「總覺得很有品味」、「是至今沒遇過的類型」，而是要掌握每個人的特點和強項。

以此為基礎，根據內心「想要運用什麼樣的人建立什麼樣的組織」，來雇用最合適的人選。

了解特質的差異有助於吸引想要聚集的人

在工作上，還可以將特質上的差異活用在**招攬客人**身上。

以我舉辦特質分析研討會時的案例為例。第一次舉辦研討會，正在猶豫要取什麼活動名時，突然靈光一閃的是「想要盡早了解的特質分析」。畢竟我就是在早期知道自己的特質，才因此得到救贖。

所以在使用「想要盡早了解」這句話時，來參加的學員大多都是**行動型**的人。因為行動型的人重視速度，他們會陷入「必須盡早知道」的想法中。

有趣的是，行動型報名的速度也非常快速，連這種小地方都顯現出特質，真是讓人覺得興味盎然。

順帶一提，那場講座因為聚集了許多行動型的學員，為了避免學員感到無趣，我刻意安排成以問答形式和參與討論的方式進行，以保持良好節奏，並且明確地傳達結論。

此外，若是想要吸引感覺型，標題可以設為「與生俱來的特質能讓你了解在意之人的心情」；理論型的話則是「性格心理學的類型分析」。

如果是工作內容涉及吸引客人或為商品命名的人，推薦試著根據想要吸引的客群類型，來選擇合適的詞彙。

建議在工作中參與招攬顧客或商品命名的人員，**根據想要吸引哪些客群，在語言選擇上下功夫**。

Scene 9

讓人心理安穩的職場才能得到成果

以下我將會稍微離題一下，告訴大家要如何創造出良好的職場。

關於職場溝通，最近備受矚目的話題之一是「心理安全感（Psychological Safety）」。

心理安全感是指，在組織中能夠放心地發言，不用擔心遭到拒絕或否定的狀態。Google在「亞里斯多德專案（Project Aristotle）」這一專案中，針對組織高生產力的祕訣進行各種調查，結果顯示，唯一的共同點是「高心理安全感」，並在當時蔚為話題。

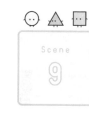

隨著專案結果的發表，心理安全感的重要性逐漸為世人所知。

舉例來說，相當受到大眾歡迎的電影《玩具總動員》在製作幕後，創作者們曾進行深入的溝通。

在《玩具總動員》的製作現場，沒有限制的環境揉合了創意和批判的意見，大家一邊提出回饋一邊製作這部作品。面對失敗時不是選擇迴避，而是活用失敗的經驗，以挑戰的姿態站穩腳跟，其結果是成就了一部優秀的作品。

使人們關注心理安全感的背景之一是，多元化時代的到來，與不同年齡、性別、國籍等人一起合作，共同完成工作。

現在的職場比起一個人默默地工作，更多的是一個團隊一起推進一項企劃。如果團隊內的氣氛是不能講出真心話，那就不會有大膽的想法，訊息共享的功能也會停滯。

理想的情況是，無論是在什麼環境下，都可以擁有能夠明確表達自身想法和意圖的精神。然而，如果是在「就算說了也會被反對」、「如果將失敗的結果往上呈報，對方也不會聽我說，只會發脾氣」這樣的環境下工作，當然會退縮。因此，為了創造出理想的職場，確保心理安全感非常重要。

航空業是高「心理安全感」的職場

回想起來，我以前在ＪＡＬ（日本航空）工作時，似乎也保障了心理安全感。當時雖然尚未使用「心理安全感」這個詞彙，但我確實感受到職場上的風氣是可以讓職員暢所欲言的。

畢竟航空公司所提供的服務，稍有不慎就會釀成嚴重的事故。更何況，只要是人，無論是誰都可能會犯錯，而且大部分的事故都是人為失誤所引起。

如果對於發言猶豫不決，就無法共享重要的訊息，進而引發問題或事故。因此，航空公司的職員已經非常習慣，主動報告並共享關於安全、提高品質、防止再次發生、隱患（發生了危險的事情，但所幸沒有造成災害的現象）等訊息。

例如，「今日航班因為起飛前才匆忙整理飛機，忘記還有１個剎車裝置還沒裝上。在前往跑道的途中才突然發現，所幸立即拴緊，才沒發生憾事。今後要將安全放在首位，盡快整理，不要一個人慌慌張張，可以向周圍的同事尋求幫助」。

也就是說，空服員之間共享著這些原因分析和改善方案的報告。

察覺到安全上的問題時，絕對不能裝作不知道。針對為了保護安全的溝通，每個人都要有意識地進行協調。

實現心理安全感的4個重點

心理安全感包含以下4個要素。

①自由發言

②相互幫助

③挑戰性的氛圍

④靈活性（不看年齡、地位關係）

職場必須考慮並採納這４個要素。

心理安全感得到保障，在團隊中交換意見的過程中，即便沒有採納自己的意見，也能夠客觀地認為其他人的點子比較適合這次的需求，不會覺得人格遭到否定。

航空業尤為重視員工自由開口的環境，畢竟要交接的事項非常多，如果無法掌握所有的情況，就無法進入下一步的工作。

在抵達目的地的有限時間內，全體人員都必須分擔機上的工作，才能夠順利降落。也就是說，沒有時間責怪他人。秉持著「現在不做就來不及」的想法，自然而然地形成必須互相幫助的心態。

此外，由於每個航班的飛行時間和客群都不同，必須不斷地思考新事物，邊反覆試驗邊想出服務上的變化，因此也形成具有挑戰性的風氣。

而且從靈活性的角度來說，國際航線會有國外機組人員一起搭乘，所以我認為這也是必須接受全球化想法的環境。

自由風氣的代表果然還是非他莫屬！

當我聽到「心理安全感」這一詞彙時，最先想到的是西南航空公司。西南航空公司是ＬＣＣ（廉價航空）的先驅企業，一九六七年成立於美國德克薩斯州，一九七一年開始營運第一架飛機。

該公司以「客戶第二、員工第一」這一獨特的企業政策而聞名。比起顧客滿意度（CS = Customer Satisfaction），更重視員工滿意度（ES = Employee Satisfaction），這一點相當與眾不同。

二〇〇一年美國發生九一一襲擊事件時，許多航空公司都進行了大規模的裁員，但西南航空公司為了保護員工，並沒有跟進。

目前，由於COVID-19疫情和油價暴漲，西南航空公司的經營狀況不甚理想，不過他仍然是40年來收支保持盈餘，離職率5％以下的優秀企業。

西南航空公司之所以能夠長期營運良好，最主要的原因是貫徹「員工意見對企業來說有價值」的政策，並盡力讓員工共享「坦率提出意見」、「做自己」、「享受工作」的基本理念。

總之，幽默第一的風氣根深蒂固，無論是多麼出色的維修師或飛行員，沒有幽默感的員工都不適合西南航空公司。

例如，為了讓乘客樂在其中，員工會

自己想出富有幽默感的點子，例如用唱RAP或講愛情故事的方式來說明安全設備，並付諸行動。

因為貫徹了「這就是西南航空公司！」的政策，公司當然不會給予否定。即便客人投訴說「是不是太輕浮了？」，該航空公司也會對汙辱自家員工的客人採取堅定的態度，表示「請改為乘坐其他航空公司，今後不要再使用敝公司的服務」。對員工極為重視的態度，最終也連帶提高顧客滿意度。

從這些插曲中可以看出，該公司相當**重視心理安全感**。正因為員工具有安心感，知道「公司會保護自己」，才能夠追求滿足客人的獨特服務。

我也親身體驗過西南航空公司的魅力

我曾經去美國留學，那段時間曾多次往返日本和美國。

有一次，我在飛往美國的飛機內感到不適，出現胃痙攣的症狀，在機上翻來覆去將近9個小時。

抵達美國後立即打點滴，但之後還是必須在國內轉機。

當時搭乘的航空公司就是西南航空公司。登機後，我被帶到最前排較為舒適的位子，而且空服員還為我端來熱湯，並表示「辛苦了，請喝點熱湯暖暖胃」。那碗湯是空服員在搭乘前特地去買的，我至今都還記得當時的感動和感激。

此外還有其他插曲，有乘客搭乘最後一班延誤的航班抵達機場後，苦於沒有其他的交通工具可以回家。西南航空公司的空服員聽到他的煩惱表示「我們是同一個方向，要不要搭我的車順道回家呢？」，並將這位乘客送回家。以安全的角度來說，這並不是輕易就能做到的事。

在日本工作的職員，因為受到公司制定的政策和規則所束縛，必須遵循統一性，可能很難自由提供服務。不過，光是從「員工第一」的西南航空公司就能夠學到許多東西。

「利於身邊的人」，可以說是利他哲學的典範。

COLUMN

飛機翱翔有賴於彎曲的機翼

我至今還記得，第一次坐飛機時，從窗戶看到機翼彎曲移動的景象時，心裡感到無比恐懼。我當時非常不安地凝視著機翼，內心想著「為什麼機翼會動？明明是如此堅固的鐵塊，是沒有固定好嗎？會不會掉下去？」。

後來在航空公司工作，才得知飛機的機翼原本就做得跟鳥翅膀一樣「彎曲」。機翼在構造上必須要上下活動，飛機才能飛行，而且機翼還要上下「彎曲」，才有助於減輕乘客的感受到的晃動感。此外，為了分散突如其來的亂流造成的不規則晃動，使飛機安全飛行，主翼要可以靈活改變的形狀；相反地，如果機翼固定，不能靈活活動，反而會斷掉飛不起來。

人類的想法或許與機翼類似。如果想法死板，認為「應該這麼做」、「只能這樣」、「沒有這個的話就不行」，就無法跟與自己完全相反的想法妥協，導致產生衝突，甚至斷絕關係。

像彎曲機翼一樣的折衷思考法，也是今後多元化所需要的思考方式之一。

如飛機一樣擁有彎曲的鋼鐵翅膀，既能鞏固自己的軸心，又能靈活應對各種價值觀和事件。

這樣的人不僅心靈的翅膀不會折斷，還可以靈活地翱翔在空中。

好彎喔！
還是說其實是太鬆？
手再張大一點
比較好吧……

Chapter

3

給疲於人際關係的你

——微妙的關係、模糊不清的相處法

Scene 1

距離感「心理距離」

接下來，我將從「距離感」這個切入點來思考人際關係。

關於人與人之間的物理性距離感，目前正在進行各種研究。經研究發現，人有一個就算他人靠近也不會感到不適的範圍（個人空間），並且會對進入這一空間的人感到不愉快。

以具體的數字來說，與不那麼親近的人，例如商談對象等，1.2～3.5公尺左右的距離比較適合。相對的，朋友或親近的同事，即便是靠近到距離45公分到1.2公尺，也不會感到不適。

不過，我想說的不是物理上的距離，而是**人際關係中的心理距離**。

關於心理距離，我們有時會用「明明第一次見面，但那個人也太自來熟了吧！好恐怖！」、「已經見面一段時間了，感覺彼此間的距離都沒有縮短」等方式來表達。也就是說，每個人都有與他人接觸時的理想距離。

心理距離的平衡

心理上的距離感有較常見的傾向。

如87頁所介紹的，男性受到在史前時代負責打獵的影響，擅長眺望遠方。所以在與人的距離感中，也會覺得距離遠一點比較舒適，如果對方突然縮短距離，可能會想要逃跑。相反地，女性喜歡被許多親近的人包圍，所以較近的距離，會覺得比較安心。

心理距離還取決於「接觸次數」、「接觸時間」、「在一起時覺得愉快或不愉快」

等要素。

例如，有一個專有名詞叫做「單純曝光效果（mere exposure effect）」，這是一種愈是接觸特定的刺激就愈喜歡的現象。因此，人會對經常見面的人感到親切，並留下好印象。

然而，曾經拉近的心理距離，可能會因為一點意外而崩潰。正因為距離很近，如果發生彼此價值觀失衡的事情，內心就會瞬間疏遠。遇到這種情況時，最重要的是牢記132頁所提到的「利他是為了先讓身邊的人感到幸福，而不是遠方的陌生人」。

與對方保持適當距離感的重點

在與對方保持適度的心理距離時，有幾個重點需要注意。

首先是，**「讓內心和行動一致」**。確認與對方的距離感和舒適感是否同步，是否有勉強自己配合他人。順帶一提，小時候只透過獎勵獲得認可的人，往往都會具有向對方索取回報的傾向。

試著檢視內心「確定真的是自己想做的事」，**捫心自問「我是真的想做這件事嗎？」、「是不是為了得到他人的稱讚或認可而努力？」**。

其次是，**「不管與對方的關係是如何，都尊重對方」**。即便與親近的朋友熱絡地談論共同的興趣，關係很親密。但根據內容和話題，也有人不希望他人踏入自己的領域。也就是說，距離感會隨著其他因素而改變。

如果尊重對方，應該就能夠自然而然地保持在理想的距離，在該保持距離的時候拉開距離，在應該靠近的時候拉近距離。

最後是**「觀察對方身邊的人」**。觀察對方平時交往的人，就能知道他們偏向與哪一種人往來。因此，若是認為「雙方價值觀可能不同」，拉開彼此的距離也無妨，但如果是覺得「他身邊的人也很棒」，就可以自然地縮短彼此的距離。

就距離來說，有很多關係是「不想與他有更多的來往，但是因為工作或是組織而無法拉開距離」。遇到這種情況時，試著用其他角度來看待對方，例如「他不是壞人，只是單純不喜歡而已」、「我不能理解他，但他也有讓人值得學習的優點」。

無論是反對的意見還是無法理解的言行舉止，可能都會是你從未想過的想法和感性。事實上，這是開啟不同思考方式的成長過程。

沒有必要勉強接受想法不契合的人際關係，但可以將不同的觀點和主張視為是新的發現，抱持著「讓大腦受到刺激、成長！」的想法。

Scene 2

敏感人與他人相處的最佳方法

世界上有一些人苦於直覺太敏銳的問題，一般稱呼他們為「HSP」。這個族群尤其需要注意與人保持距離、自我保護、避免危機和安全地帶。

大家知道HSP這個詞彙嗎？這個詞彙取自Highly Sensitive Person的第1個字母，是指天生就具有感覺敏銳、敏感特質的人。這個概念是由美國心理學家依蓮・艾倫（Elaine N. Aron）博士所提出。

HSP並不是一種病名，而是一種天生的特質，據說每5個人就有1人擁有這種特質。這是由於大腦的杏仁核過度捕捉訊息，使人處於高壓狀態，導致一個人感覺敏銳，比他人還要敏感1倍。

在日本HSP通常會大略解釋為「細膩的人」，但就我與各種不同HSP特質的人交流，並審視自身特點後得出的結果是，HSP還包含了更深層的意義，光用細膩一詞遠遠無法代表這一稱呼。

與其說是「細膩」，不如用「敏感」、「過敏」這類詞彙還來得更貼切。**給人的感覺就是天線架太高，所以會敏感地捕捉到能量**。

這個族群對訊息和刺激會出現敏感的反應。各位是否有聽說過，當龍捲風或地震等自然災害發生時，動物和昆蟲等會早一步察覺並逃跑。據說這是因為動物和昆蟲具有HSP特質。

具有HSP特質的人會敏銳地捕捉身邊的能量，因此很容易會陷入在人際關係的困境中。

此外，有這種傾向的人，普遍個性善良、共鳴力高，比起自己往往會將他人放在首位。甚至會察覺他人沒有注意到的地方，大多會主動考慮到細節，例如，「那個人想要做這樣的事情嗎？不知道有沒有我幫得上忙的地方」、「把這裡補充完整，應該對大家會有幫助」。

我自己也是ＨＳＰ族群，向來都能注意到別人不會發現的細節，所以我會盡量避免讓自己太過關注，以免知道太多不必要的資訊。

即便如此，我還是抱持著他人不知道的煩惱。不過，某天在我看到《鈍感な世界に生きる 敏感な人たち》（伊爾斯・山德著、枇谷子譯，discover21）這本書的書名時受到很大的衝擊，並同時感到豁然開朗，覺得「這可能就是我？」。

Scene 3

疲於與他人扯上關係，卻又想來往的社交敏感人

一般來說，HSP族群具有以下4種特點。

- **深入處理、分析事物。（D：Depth of processing）**
- **對刺激相當敏銳，容易感到疲憊。（O：Overstimulation）**
- **容易產生共鳴，並投入感情。（E：Emotional reactivity ad Empathy）**
- **對聲音、光線、氣味等敏感。（S：Sensitivity to Subtleties）**

此外，HSP族群因敏感而在意的事情其實相當多樣。

在本書中，想要討論的是**「外向型HSP」（HSE）**，這類人經常受人際關係

影響，被想來往的對象牽著鼻子走。

簡單來說，ＨＳＰ其實含括多種類型。根據我自己至今在地方自治團體與ＨＳＰ族群交流或舉行研討會時的經驗，切身感受到每個人都不盡相同，無法一概而論。敏感的對象也是因人而異。

非要大略分類的話，可以分為**4種類型**。

首先，主要可分為**內向型**和**外向型**2種。外向型的ＨＳＰ稱為「ＨＳＥ」，也就是說，ＨＳＰ中有一種叫做ＨＳＥ的類型。ＨＳＥ是「Highly Sensitive Extrovert」的縮寫，有些人會稱之為「外向型ＨＳＰ」。提倡ＨＳＥ這一概念的是，與提倡ＨＳＰ的依蓮・艾倫博士一起活動的諮商師傑奎琳・斯特里克蘭德（Jacqueline Strickland）。

ＨＳＰ族群的感情本來就非常細膩，無論是內向型還是外向型，都具有容易陷入人際關係困境中的特點。

不過，與喜歡獨處的內向型相比，**外向型獨有的特點是，明明容易被人牽著鼻子走，但依然想要與他人往來**。因為同時擁有敏感和外交特質，可以說，這些人是同時踩著油門和剎車。

從內向型ＨＳＰ族群的角度來看，他們既不是心思細膩也不是個性開朗善於交際的人。另一方面，從非ＨＳＰ的角度來看，他們對事情又過於在意或不在意，**不管哪一邊都沒辦法理解他們**，導致大部分的外向型ＨＳＰ族群都為此苦惱不已。

以上述內容為基礎，加上**追求刺激型**與**不追求刺激型**這2種觀點，將其分為4種類型，詳細可參考下頁圖表。

因COVID-19而受苦的外向型

不追求刺激的外向型（ＨＳＥ）具有「喜歡與他人往來」、「過多的刺激會感到疲憊」、「會向外發送訊息」、「能從外界，尤其是他人身上獲得能量」等特徵。而我

HSP的4種分類表

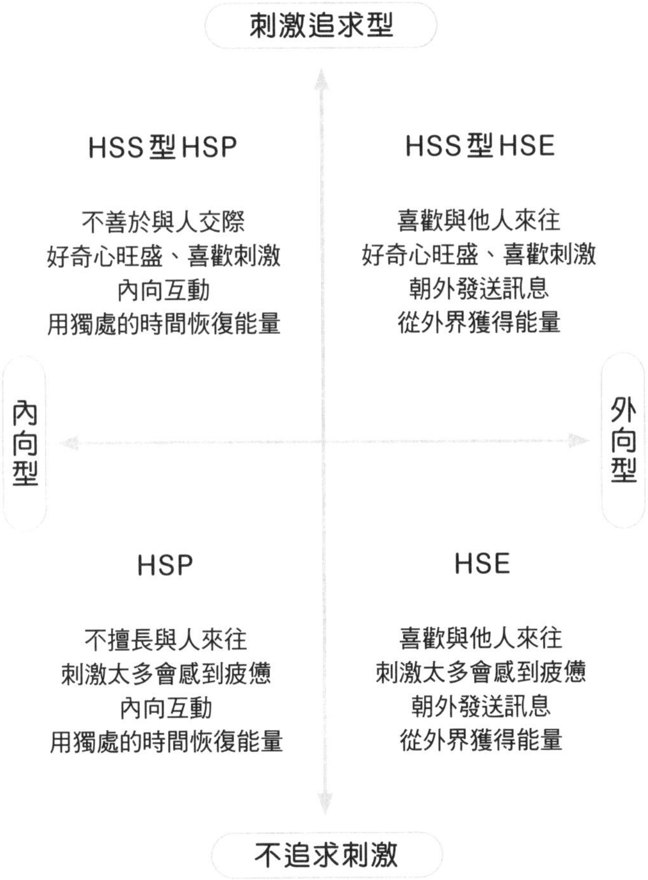

（出處）©Chiyoshi Ymamoto coconohan

自己也屬於這種類型。

從上述內容可以看出，不追求刺激的外向型**兼具了矛盾的特徵**。

這類型的人也有想一個人待著的時候，但如果獨處的時間太久，就會感到焦慮和孤獨。喜歡與他人來往，但是會敏感地接受他人的能量，並將他人的心情投射到自己身上。他們並不尋求刺激，但經常會陷入刺激中。

煩惱的時候會與他人商量，從他人那裡獲得能量，不過在得到能量，覺得充滿活力的同時，又因為敏感地接收對方的情感而感到疲憊不堪。

這種差異在COVID-19疫情爆發後尤其明顯。

內向型HSP的人反應都蠻正面的，因為不用每天上班或上學，心情輕鬆許多。

外向型HSP的人在自我管理這段期間過的相當焦躁。善於交際的人是透過與他人來往來轉換心情或補充能量。因此，**長時間無法與他人交流的期間，就會有種缺少什麼的感覺**。

HSP族群要如何消除痛苦呢？一是改善環境。具體來說，就是扔掉不需要的物品，整理和打掃環境。

一般人在獲得100個資訊和刺激的過程中，只會接受其中的20個，與此相對，包括HSE在內的HSP族群，其特點是會接受80個左右。由於提供給大腦的資訊量過多，很容易就會感到疲憊。

因此，大腦一般都會處於疲勞狀態，最理想的解決方式是消除任何會干擾情緒的因素。而且應該告知家人或身邊的人「我不喜歡藥物、芳香劑、洗滌劑的味道，也很在意噪音或細小的噪音、機械的聲音」，讓對方能夠理解。

我在家實踐過的方法是，將沒有時間整理的東西集中在一個地方，如此一來就能將分散在6個地方的視覺訊息減少到1個。

物理上的環境固然重要，但還是必須要有理解自己的人。

尤其是HSE族群，他們往往會將他人放在第一位，不擅於向身邊的人索取好處。因此，要遠離那些感覺不太合，可能會讓自己感到疲憊的人。

細膩、敏感其實是禮物

先前的內容，主要是以HSP的特點與生活上的困難為例。然而，**其實細膩、敏感也是一種禮物**。之所以這麼說，是因為敏感的人大多都能清楚看到細節，擁有豐富的想像力、感性還有創造力。

尤其是當前備受矚目的藝術領域，敏感人的對於觸感、色彩和細膩聲音的絕妙敏感度，能夠打動人心，給予深刻的感動。

目前各個領域正加速引進AI（人工智能），「AI導致失業」經常成為話題。

據預測，在這樣的時代，ＡＩ無法替代的是創造能力，因此對於這類人才的需求將會愈來愈多。

時間管理專家兼稅務會計師的石川和男在他的著作《仕事が速い人は、「これ」しかやらない》（ＰＨＰ研究所）中列舉了快速完成工作的「７個原則」，並介紹能夠快速從無到有的創造思考能力有多重要。也就是說，ＨＳＰ的創造力將會成為未來的一大優勢。

過於敏感或覺得活得很辛苦的ＨＳＰ族群，或許經常在日常生活中掙扎，但是未來一定會迎來發揮能力的機會。**希望ＨＳＰ族群能夠將擁有的優秀能力當作是一種禮物，充分地利用。**

HSP與特質的關係

接著，我要討論的是本書介紹的**3種特質與HSP的關係**。

有許多HSP族群屬於理論型和行動型，然而高感受能力、共鳴能力與會自我分析的人也有可能具有HSP的特點。

結合本書30頁的行為特質測驗，以及在網路可以找到的HSP或HSE測驗分析，可以進一步了解。

我自己既是感覺型，又是HSE型的HSP族群，屬於感受能力和直覺相當敏銳的類型。曾經感受到一種無法控制自己的恐懼，不過在得知自己的特質和特點是重要的個性後，內心感到輕鬆許多。

如果有像我一樣具有敏感特點的人，在現在這個瞬間閱讀完這些內容後對自己稍微有點了解，並對於看清自身有幫助，我會感到相當開心。

Scene 5

人會只看自己想看的事物——「吸引力法則」

這裡我想問各位幾個問題，大約10秒前，除了這一頁的文字外，各位還看到多少周圍的物品？你是否能夠清楚感受到這本書的觸感？

人類的大腦中有一種叫作**RAS**的功能。RAS是Reticular Activating System的縮寫，中文是「網狀活化系統」。

簡單來說，RAS就像是一個濾網，只允許必要的訊息通過。人類一般都是用這個過濾功能來選擇並刪除不必要訊息。

各位認為從視覺、聽覺、嗅覺等五感進入的所有訊息中，這個高功能性濾網能夠過濾掉多少比例？

據說是99.99。如果大腦沒有RAS這個過濾功能，就會因為無法承受接收的訊息量而爆炸，甚至危及性命。

就像一開始問的問題一樣，當我們專注地唸書或工作時，可能會看不到周圍的事物或是聽不到周圍的雜音，這是因為RAS正在刪除不必要訊息。

現在已是資訊量過多的時代。有一種說法認為，現代人一天內接收的訊息量，等同於江戶時代的人一生接收到訊息量。我們每一天都沉浸在如此大量的資訊洪流中。

正因為現在是訊息量過多的時代，重點在於只拾取、輸入必要的資訊，不需要到處蒐集資訊。

剛失戀的人走在街頭，會注意到與前戀人的愛車相同型號的汽車。各位是否有聽過這種說法呢？即便坐在同一家開放式的咖啡店裡，眼前是同樣的景色，但每個人感受到的風景和訊息都不同。這就是RAS功能在發揮作用的證據。

RAS功能實際上與想實現的願望有關。只要專注地留意自己想看的景色、想往來的人、想獲得的資訊，感覺這些人事物就會朝著自己靠近。這就是所謂的「吸引力法則」。

「吸引力法則」是由大腦功能產生的。

必須設定目標的著陸點，才能夠產生吸引力法則。**重點不是以現在的資訊為基礎設定可達成的目標，而是哪怕不切實際，也要先設定目標**。如果當下沒有達到目標的方法也沒關係。只要設定目標並認為「會得到這個結果」，自然就會獲得方法。

《新訳　引き寄せの法則　エイブラハムとの対話》（伊絲特・希克斯、傑禮・庫斯著、本田健譯、SB創意）一書描述了自身感覺的重要性，節錄如下。

「如果覺得自己窮，那就無法吸引富裕；如果覺得自己胖，就無法吸引纖瘦的體型；如果覺得自己孤獨，就無法吸引同伴。這是因為『違反』了法則。」

RAS還有一個功能是吸引令人討厭、想要避開的人事物。如果強烈地想著「沒有錢」、「總是很寂寞」、「很不善成應付這個人」、「不想扯上關係」等，也有可能就會一直困在這種讓人不愉快的狀況，並且覺得難以應付的人會經常出現在眼前。因此，重點在於腦中要專心想著想要做的事、想見的人，而不是討厭的或是想避開的人事物。

人們不是在看看得見的事物，而是會看到想看的事物。

Scene 6

「敏銳的異樣感」會幫助你

當一個人想要用真實的自己生活或是恢復成原本的自己時，會產生出各種不同的異樣感。

異樣感在人際關係中尤為明顯。例如，對於至今一直來往的人，有時會出現「難道我跟這個人不合？」的感覺。**異樣感也是一種下意識為了保護自己的訊號。**判斷基準以常態分布的7成以上為標準。

事物、環境、人際關係也一樣。至今感覺很舒適，但感覺到有什麼不同時，很有可能是自身已經成長，正要邁向下一個舞臺的訊號。請珍惜這種異樣感，如果有需要放手的事物，就大膽地放下吧！

能夠放下的事物愈大，注入的新能量就愈大。

異樣感會吸引好的未來！

異樣感既能夠是負面的，同時也可以是正面的。產生正面的異樣感時，認同這種情況，有可能會在最終吸引好的未來。

例如，對我來說，寫書是異樣感非常強烈的挑戰。我曾經對作家這個職業抱有憧憬，認為寫書是一件非常了不起的事情。然而，在我的人生中，出版書籍卻是一個遙遠的世界。

我加入許多憧憬作家組成的社群後，剛開始對於自己畏畏縮縮地認為「我待在這裡真的好嗎？」感到有種**異樣感**。即便如此，我依然認為自己想要參加這種場合，並且覺得自己可以待在這裡，因此就產生出贊同這種異樣感的心情。當時，我遇到本書的責任編輯，他給予我挑戰寫書的機會。哪怕只是一點點，當你能夠想像出超越這種異樣感的美好未來，就當作是遇到機會的尾巴，試著抓住它吧！

Scene 7

可能是情緒便祕？痛快地解放吧！

人並不是每次都會合理地進行判斷再行動，行動很大程度的會受到情緒影響。

人有一種**情緒的「容量」**，把這個容量想像成容器，可能會更容易理解。假設這個容器堆積著不滿、焦慮、恐懼等情感混濁的水，就會一直受到負面情緒支配，難以轉換心情，換成乾淨的水。

我將持續累積非必要情緒這種狀態稱為**情緒便祕**。

當糞便堆積在腸道中時，會導致腹部脹痛，同時也可能會使人持續苦於便意。相同地，如果連過去的負面情緒都持續累積，不僅會感到痛苦，還會難以切換情緒。而且，當老舊的物品占據了位置，也會影響吸收營養的情況。**就像整頓腸道環境一樣，試著「整理情緒」釋放不必要的情緒。**

不要否定負面情緒

在人際關係中容易陷入困境的人，大多都無法發洩壓抑在內心的情緒。尤其是，他們會認為吐露負面情緒並不是件好事。因此，他們會掩蓋「痛苦、寂寞、也許做不到」等負面情緒，偽裝成「我是很正向積極的人」，也就所謂的假正向星人。

我認為沒有必要因為負面情緒而否定自己。

就像陰陽平衡的存在一樣，人同時擁有正面和負面情緒，例如出現「很不甘心，但還是要往前走」、「很開心，但總覺得欠缺了什麼」、「覺得孤獨但心情很輕鬆」等正負混和的情緒。人類是一種必須在生活中接受自身複雜情緒的生物，面對當下的情緒，檢視自己，才有助於成長。

真正的正向積極是，抱持著「不管是正面還是負面都沒關係！」的想法，接受一切的態度。

說明「吐」這個字的陷阱

「吐」這個字是由「口」、「＋」（加）和「－」（減）構成的。各位有沒有聽過從「吐」中取出「－」就會形成「叶（叶う，中文意為實現）」這個字的說法呢？在「不可以說負面的話」、「說正向的話就會有好事」等脈絡中經常會提到這個字。

不過，這種解釋反而會引起麻煩。**有加號和減號才能形成「吐」這個字**，說話正向積極固然重要；相對地，也不能忽視承認內心負面情緒的重要性。

這並不表示要各位停止說負面的話，而是要毫無隱藏地承認那一瞬間感受到的負面情緒，同時認為擁有負面情緒不是件壞事。「吐」的意思不是不能發表負面發言，而是在感受到「我現在不喜歡這樣」後放手。

「吐」是由十和一共組而成，要吐氣才能吸氣，如果一味地吸氣會因為過度呼吸而感到痛苦。

乾電池也是有正極和負極，才能輸出電力，使機器運轉。世界上不存在只有正極的乾電池，就算有也無法發揮作用。

就像可以將Impossible轉換成I'm possble一樣，I'm possble中也隱藏著Impossible。

當下產生負面情緒時，直接承認「我現在有這種感覺」，接著吐露出討厭的事情、對此放手才是健康的做法。

因此，**重要的是身邊必須要有一個人，讓你覺得「這個人值得信賴，我在這個人面前吐露負面情緒也沒關係！」**。

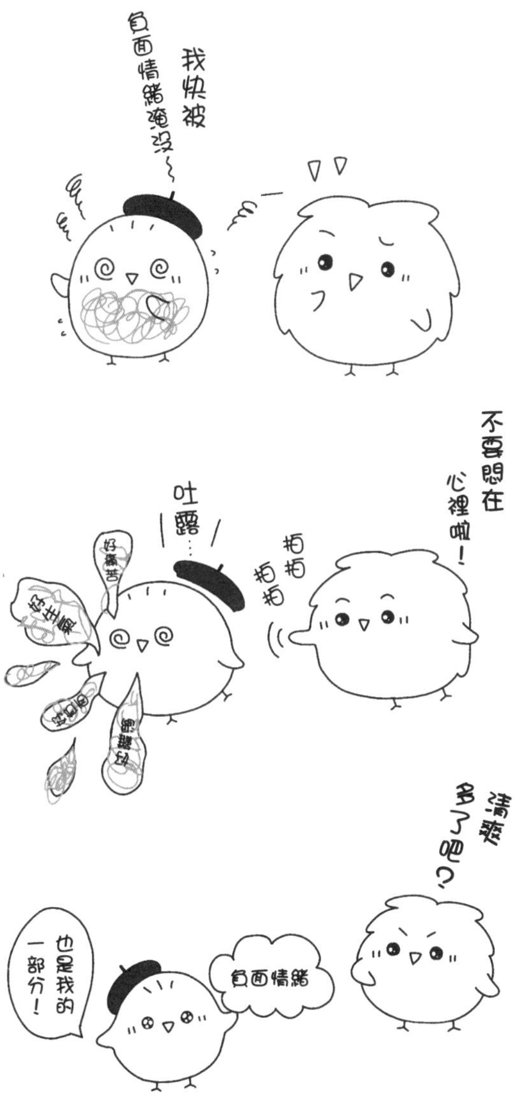
我快被負面情緒淹沒～
吐露……
好痛苦
拍拍拍拍
不要悶在心裡啦！
清爽多了吧？
負面情緒
也是我的一部分！

Scene 8

自我肯定之前是自我否定

「在養育孩子的過程中，最重要的是培養自我肯定感。」

「自我肯定感高的人，做任何事都能取得成果。」

如上所述，一般人都認為擁有自我肯定感相當重要。

然而，尤其是對於成年人來說，**在擁有自我肯定感之前，其實會先有「自我否定感」**。換句話說，意識到自我否定是第一步。

這與正面和負面的話題相同，不過，現實中不存在能夠100%自我肯定的人。

根據日本心理學百科的內容，自我否定是「壓抑願望和欲望，放棄滿足的行為」。

導致自我否定的原因有很多，主要的原因之一是受到後天的影響（成長環境的影響）。例如，經常受到養育者的辱罵，或是長時間受到限制「這個不能做，那個不能做」，很容易就會產生自我否定感。

另一個主要原因是失敗或挫折的經驗。就業後，在公司項目上經歷嚴重的失敗或曾經失業，導致自我肯定感隨之下降。

可以活用自我否定感

在一般人的印象中，擁有自我否定感並不是件好事。然而，我則是反過來利用自我否定感的自卑感，將之當作催化劑，成為自己夢想中的樣子。

也就是說，**不是去否定自我否定感，而是先承認心中的自我否定感**。自我否定也是自己理想和憧憬的反面。**從自我否定中產生的理想和憧憬，其實有時候也是**

「真實的自我」。

我對自己的家庭環境有很大的自卑感，也有過自我否定和感到不安的時期，例如內心想著「自己無法得到幸福的婚姻」、「無法做自己想做的事情」、「不知道能不能做自己想做的職業」。

因為理想和憧憬與現在的自己之間距離太遠，導致產生自我否定感。

有時候會覺得不能再這麼繼續思考下去，會捫心自問「我在否定自己什麼？」、「自己到底想要成為什麼樣的人？」、「自己想要待的地方在哪裡？」不顧一切地朝著目的地，準確地來說，朝著真實的自己所在位置努力前進。自我否定感對我來說也是提高動力和往上飛躍的能量來源。

這並不是說一定要自我否定，之前已經多次提到，從自我否定中可以找到理想的自己和真實的自己。

Scene 9

擺脫內心的制約，傾聽對方的價值觀

以下再繼續稍微談談關於**「偏見（自認為、先入之見）」**的話題。

請看下方的圖片，請問「你看到的是鴨子還是兔子呢？」

在他人說「不是鴨子嗎？」的瞬間，我們就會將這幅畫看成鴨子。如果聽到他人說「不是兔子嗎？」，就會判斷為兔子。

如果沒有聽到鴨子或兔子這2個詞彙，

可能會想像出完全不同的東西。也就是說，與其說我們是捕捉到眼中看到的形狀，不如說是透過內心的解釋來理解事物。而且內心的解釋還會因為周圍的發言和態度受到強烈影響。

重要的是用自己的眼睛來確認，而不是被周圍發言影響。養成用自己的眼睛來確認的習慣，就不會輕易認同周圍的解釋，覺得「沒錯沒錯」。

而且，從各種角度來看待事物非常重要。上一頁的插畫也是，從另一個方向看的話，就會有不同的解釋。當我從不同的角度看這幅畫時，我看到的不是鴨子，也不是兔子，而是心臟。

試著讓大腦靈活地思考

接下來，請看下頁的圖。如果要用直線串聯這9個點，請問最少必須要畫幾條

線呢？相同的點可以重複通過。各位的答案是多少呢？我猜應該有不少人會回答「5條」吧？請看下頁的回答範例。

許多人看到9個點的四角形，會覺得「應該從四角形的中心往外畫直線」。而這也是一種偏見。

畫畫必須畫在圖畫紙上、寫筆記的時候要沿著上面的格線寫等，這些都只是來自經驗的自認為，導致內心受到制約（稱為心理制約）。

從上述的題目來看，**既沒有說「不能畫到邊框外」，也沒有「一定要從正中間的點通過」**，如果畫出1條超出邊框的線，只要4條線就能通過全部的點。若是畫線時只擦過點點的邊緣，則只要3條線就解決。

這種思考方式被稱為是「think outside thebox」＝「大腦靈活地思考」。

以靈活的想法來思考答案，就會發現自己在不知不覺中受到內心的制約。

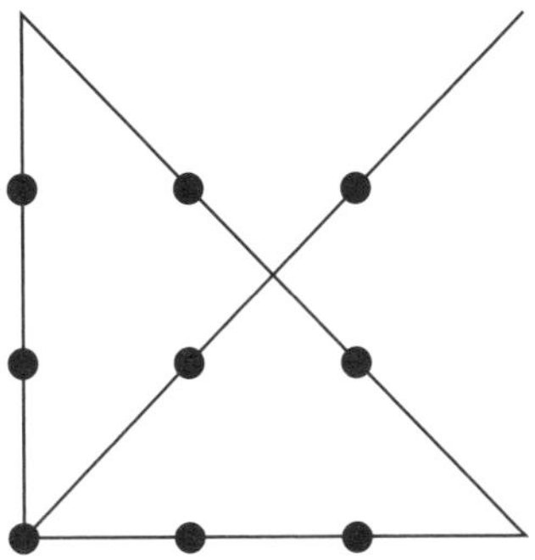

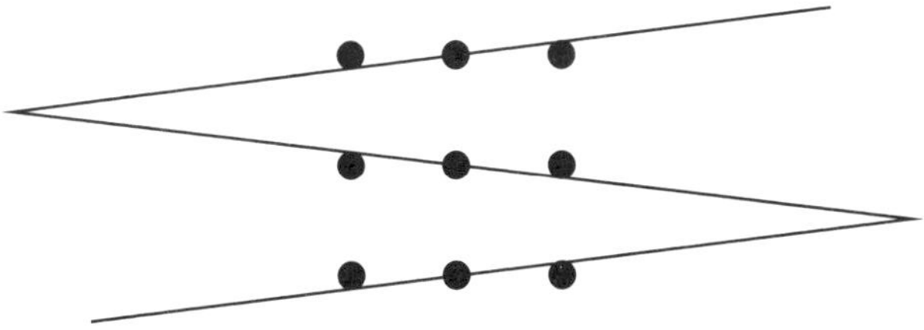

以下針對偏見進行總結。首先，最重要的是意識到自己有什麼樣的偏見。無論怎麼說都帶有強烈的偏見，有時會形成「只會想到〇〇」。

以剛才的圖畫為例，堅持覺得「我看起來就是鴨子」、「我怎麼看都是兔子」，要改變自我的解釋就會非常困難。

所以要養成，遇到這種情況時向周圍確認的習慣。

「我看起來就是鴨子，所以是鴨子嗎？」

「我看起來覺得是兔子。」

「你看起來是兔子啊～為什麼你會覺得是兔子？」

「這裡像是兔子的耳朵。」

「原來如此！我認為那是鴨子鳥喙。」

藉由溝通分享彼此的價值觀。

傾聽對方的看法和價值觀，跳脫自己的偏見，從而形成不否認他人的靈活思考能力。

我看起來是鴨子！
這裡看起來像兔子耳朵！
原來如此……每個人的看法都不一樣呢。

Scene 10

如何了解在意之人價值觀的小提示

你對哪些電視劇和電影感興趣？
那些劇情有什麼共同點？
你喜歡哪個主角或角色？
為什麼會被那個角色吸引？

看到這些問題，各位想到什麼呢？
不知不覺迷上的電視劇和電影，其實就像是一面反映自身生活方式和想法的鏡子。受到登場人物的個性或行為所吸引，其實是因為有共通點、有共鳴、有理想。
也就是說，是「自身的投影」。

透過電視劇或角色投射出自己相信的價值觀，這在心理學上稱為「**信念**」。以下就試著從「產生共鳴的電視劇和喜歡角色反映出人生價值觀」的心理學角度來自我審查。

例如，無論是什麼樣劇情，只要不是快樂的結局，就有人會感到難過。這種人個性溫和，不擅長與他人爭論，容易會對主角投入感情，進而希望主角能夠有一個幸福的結局。

此外，對悲傷經驗抱持正向態度的人，有時會被悲傷的故事吸引。愈是情感豐富、具有強烈共鳴能力的人，愈會陷入劇情中，更容易因為結局，情緒受到劇烈影響。

那各位覺得「反轉劇」如何呢？我自己就是一個例子。我尤其憧憬擁有特殊能力，實力強大的主角，像是《超人》或《七龍珠》的孫悟空，也很沉迷於《半澤直樹》這種面對困難的電視劇。

事實上，我也發現自己確實想要擁有高度專業的技能，而且想要用這個能力幫助他人。

之所以沉迷於反轉劇情，也是因為從小就對圍繞自己的環境感到自卑，才會產生出「我要從挫折中站起來！」、「我要改變這種情況！」的想法。

因此，我切身感受到，喜歡反轉劇情這件事，反映出自己的價值觀和看法。

如果有想改變的現實，推薦挑片時可以看看劇情有沒有接近你想要成為的樣子。

若想要更加了解某個在意的人，可以隨口問對方「喜歡什麼樣的小說、電影？喜歡的人物是哪一點吸引你？」。

如此一來，或許就可以深入了解連當事人都沒有察覺到的心理層面。

Scene 11

一瞬間忘記厭煩事的方法

在諮詢過眾多女性後，發現她們最常提出的煩惱之一是與時間的關係。因為人際關係或社會的變動，很多人會苦於「是我的錯嗎？」、「為什麼事情會搞成這樣？」、「又發生了很煩的事」等，導致長時間陷入煩惱中，無法工作。我自己也經常會遇到諮詢者詢問關於「因為擔心與他人關係而想很多」的問題。

人際關係的煩惱、無法忘記討厭的事情，是因為有時間回憶不好的過去。首先，要先察覺自己花太多時間在煩惱。

石川和男在著作《人生をマネジメントする一日を27時間にする思考法》（pal出版）中表示，要擺脫不停思考負面事情的「反芻思考」，方法之一是將待做事項排滿。

我在學生時代曾有過一次不愉快的經驗，內心受傷到幾乎無法重新振作。不過，好在時機還不錯，剛好與就業時間重疊。當報名航空公司的入職考試後，每天忙於唸書、準備和練習，面試也是一個接一個地安排，當我察覺到時，早已將那段討厭的過去忘得一乾二淨。

人經常會去回想討厭的事情。

我實際嘗試過的方法中，最好的應對方式是，**將自己的日程排滿，不管是工作也好，聚會也好，私生活的時間也好，都安排行程。做別的事情也可以防止大腦去思考討厭的事情。**

COLUMN

頭等艙的客人上飛機第一件事是「築巢」

我在成為空服員後，見過許多不同類型的乘客。其中印象最深刻的是，頭等艙的客人一進入機艙，第一件事是開始仔細築巢的模樣。

所謂的「築巢」是指營造舒適的搭機環境。例如，將裝有在機內使用物品的化妝包放在手邊、將坐墊放在座位的最佳位置以及擺放拖鞋等。

花在準備環境的時間愈是悠閒看起來就會愈優雅，從這個姿態中會感覺到這位乘客，打算以最舒適樣子度過這次的航行時間。

正因為知道平時感到舒適的環境長什麼樣子，才會努力地調整。

人際關係可以說是，圍繞在自身周圍最重要的環境。

了解自己，理解他人，設法讓周圍環境變得舒適，這些都是人生中必須要面對的事情。

我們在日常生活中，會不自覺地擁有「角色人格」。大部分人在工作的時候與家人在一起時，都會無意識地表現出不同的人格。

許多有孩子的女性，大部分會分別使用各種人格，例如「妻子」、「母親」、「地方社區的自己」和「工作上的自己」。有些人會在過於迎合周圍的過程中，不知不覺地把自己拋在腦後，進而失去真正的自己。

因此，無論角色是什麼，重要的創造出一個能夠做自己的地方。

◆讓自己活得更開心

各位會笑到肚子痛嗎？最開心的時光是在做什麼事？

我喜歡唱歌，也喜歡和志同道合的朋友說些聊一些好笑的話題，盡情歡笑。選擇自己喜歡的事情，那些無可替代的時刻將永遠留在心裡。

現在這個時代，SDGs（二〇三〇永續發展目標，Sustainable Development Goals）設定的目標中，有一項也是「實現性別平等，謀求所有女性和女童的權力（目標5）」。女性應不受性別歧視，平等地實現自我。

希望各位讀者也能夠盡量增加讓自己感到幸福的時光，哪怕只是多1分鐘或1秒鐘也好。

Chapter 4

明明是我的父母和孩子，為什麼個性一點都不像？

——相近卻又遙遠，不可思議「親子關係」應對法

Scene 1

離得最近，卻是最不了解的存在

明明就是我的孩子，為什麼我卻無法理解他的個性呢？

「我家的孩子和我的個性完全不同。雖然是我的孩子，但我不知道他在想什麼。」

「明明是兄弟，為什麼老大很好養，老二的個性卻完全不同？」

「老大不聽話，老二只會一直問『為什麼？為什麼？』」

經常有媽媽對我傾吐這些煩惱。親子或兄弟姊妹的個性差異之所以如此明顯，是因為孩子按照自己的特質生活。根據經驗，成年人的個性會受到後天生長環境很大的影響，同時大腦會獲得想要適應對方的功能。與此相反，**孩子按照特質生活**，

因此只要擁有的特質不同，就會出現明顯的差異。

在我女兒還小的時候，媽媽朋友們經常會說關於孩子的煩惱。

「就算對孩子說『快點準備，要不然去幼稚園會遲到』，他也會裝沒聽到。」

「真的！就算我說『你還沒吃早餐？快要來不及了喔』也不聽……」

這些都是些「家常便飯」的話題。

付諸行動所需的時間差異，實際上與特質有很大的關係。

理論型不是說服，而是接受後才會行動；**感覺型**是心情好或是情緒激動時才會有所行動。

行動型的基本原則就是先行動再說。有時也會出現等不及的情況，所以也有媽媽覺得「我家的孩子既急躁又好動」。

以我家行動型的女兒為例。

我女兒是行動型，所以總是她在催促我。要出門的時候，女兒總是站在門口問說「媽媽，我要走了，妳好了沒？」。

被丟下的我，一邊喊著「等我一下啦！」一邊確認瓦斯、門窗有沒有關，心裡想著「這孩子也太急躁了吧……」，但是因為我很了解她的特質，也就會覺得「又來了」。

之前有過一個很有趣的小插曲，有一天，女兒跑來對我說。

「媽媽～我找不到自己的睡衣……」

「我已經洗好啦！」

我一邊想著洗完的睡衣明明都放在固定的地方，一邊去找，但的確沒有看到，而且周圍不管怎麼找都找不到。

過了一會兒，女兒忽然大喊「啊！」。原來女兒七早八早就準備好1週後旅行的行李，已經將睡衣和替換的衣服收在包包裡。明明很多孩子即使到當天也無法收拾好行李，不知道是不是真的很期待，我笑著對她說「總是這麼急躁」。

1週後
才要出門耶……
我已經準備好
要出門旅行囉～

感覺型的孩子隱藏在情緒裡的訊息

以下再來看一個案例

有一位母親來找我諮詢的煩惱是「孩子很感情用事，動不動就摔東西」。有一天，兒子找不到自己想要的東西，覺得很煩躁，又開始亂摔東西，發出砰砰砰的聲響。

這對母子的情況是，媽媽是**理論型**，兒子是**感覺型**。

我詢問媽媽「當時您對孩子說了什麼呢？」。

她回答「我跟他說為什麼每次都要這樣亂摔東西？冷靜下來，仔細想想最後一次使用完是放在哪裡！」。

這是典型理論型會有的想法。對著煩躁的兒子，媽媽首先會說「為什麼要做這種事？」最後再用「仔細想想」做結尾。像這樣打算先詢問理由，再用道理解決，完全沒能理解感覺型兒子的心情，才會反覆產生衝突。因此，我給她的建議如下：

「兒子是想要您可以理解他找不到東西時的心情。如果對兒子說『沒找到嗎？找不到應該很困擾吧！要媽媽幫忙嗎？』，他的心情應該會平靜下來」。

在母親盡量用共鳴的方式來溝通後，兒子亂摔東西的次數大幅減少。

在家庭中孤立的案例

其他的案例是，有位40幾歲的女性來諮詢時表示「只有姊姊跟大家不一樣，讓大家很困擾」。

這位女性表示「姊姊的個性真的很怪，連我那個溫和的老公，在結婚後不久也開始抱怨姊姊完全不體諒他人，只顧自己。而且她現在一個人住，會抱怨我『為什麼不叫她回家』。完全不知道要怎麼處理姊姊這個難題」。

了解這個家庭的情況後得知，父母和妹妹（來諮詢的人）完全吻合**理論型**的特徵，只有姊姊是**行動型**，而且後天形成個性也非常活潑、凶悍。

據說，從小時候開始家人就一直覺得「姊姊有哪裡不同」，理論型的祖母甚至對姊姊本人說「這孩子真的是我們家的孩子嗎？」。姊姊自身也苦於與家人的疏遠感，覺得「為什麼只有我和大家不一樣」，進而拒絕與他人接觸。

我與妹妹討論完特質類型的差異後，告訴她應對方法。

「姊姊是不是從以前開始就想體驗各種不同的事情，連家人都阻止不了她？」

「確實如此，媽媽反而覺得我『比較好養』，因為我的個性比較沉穩，做事深思熟慮。家人經常被姊姊牽著鼻子走。」

「真正痛苦的是，是唯一一個個性跟家人不同的姊姊喔！」

「原來是這樣阿……經您這麼一說，以前有很多事情都能找到脈絡。那我之後該怎麼辦呢？」

「就我判斷，對姊姊來說，從小開始就沒有人理解她，覺得自己被疏遠，感情也枯竭了。沒有可以善待他人的從容，只想要獲得他人的關心。舉例來說，在沙漠中遇到缺水的危機情況時，不是給人水的時候，反而是要向他人要水。**人在無法滿足自己的狀態下，很難去體諒他人**。首先，就從滿足姊姊開始。試著告訴她自己理解她的孤獨感，相互好好地溝通。」

如果這對姊妹的父母，在她們小時候就了解什麼是特質差異，認可彼此之間的不同，那姊姊的個性是不是會有所不同呢？

與父母特質相似的孩子，對父母來說，因為個性與自己相似，比較容易理解。然而，在對待特質不同的孩子時，更需要仔細觀察、理解，並用符合那孩子的方式來養育。

父母和孩子的個性不一定會相似。

像這樣藉由知道天生特質上的差異，有助於解決多年來無法理解的煩惱。

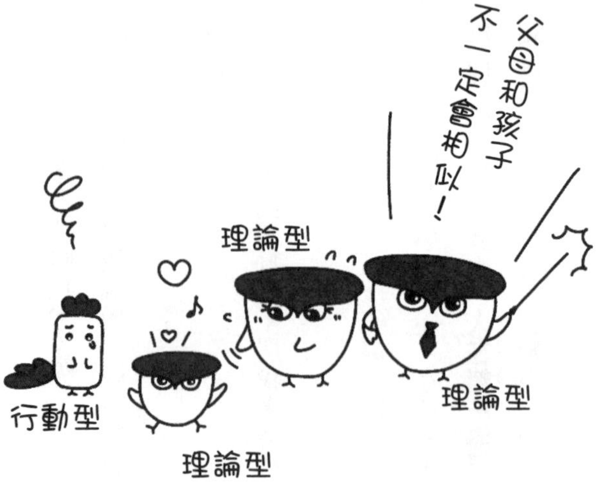

Scene 2

根據特質類型的說話方式、打開幹勁開關的方法

接下來要介紹的是，不同特質的孩子，會有什麼樣的行動模式和說話方式，以及所謂的「幹勁開關」在哪裡，以鼓勵孩子盡快採取行動。

①理論型要「具體和理解」

例如，稱讚「畫得很好」時，**理論型的孩子**可能會反問「是哪個部分畫得好？為什麼會覺得畫得好？」等。他們希望得到的是**具體哪裡好的稱讚，而不是籠統的讚美**。

對於理論型的孩子，具體地說出哪裡很棒，會很有效果，例如「我覺得這部分的樹木顏色很好看」、「人聚集在一起的地方，我覺得細節描繪得很棒」。

另外，理論型的孩子也是屬於會先仔細思考的類型。因此，他們通常都沒有意願參加學習體驗的活動。

如果父母不耐煩地表示「大家都有參加，你為什麼不去？就去看看啊！」等，完全不詢問孩子不去的理由，只會適得其反。

理論型的孩子會仔細觀察並深入分析「這裡是做什麼事的地方？我要怎麼做才好」。不能因為他們不想參加，就馬上認為「他們是沒有幹勁、沒有興趣」。

我所知道的案例情況是，有位孩子在經過3個月的參觀學習後，終於報名一家舞蹈學校。聽說那位孩子每次去學校的時候都會去參觀，回家後都會練習當天看到的舞蹈。

那位孩子的母親有一件事做得非常好，即便知道孩子對舞蹈感興趣，但只是一直去參觀學習，她也沒有阻止孩子。從那之後過了10年，那個孩子依然還在上舞蹈課，並且夢想成為USJ的舞者。

理論型的孩子不會馬上採取行動，面對他們時，最重要的是不要勉強催促「就去做做看」、「做了就知道了」等。**首先是和他們談談「為什麼要努力去做」**。如果他們不想馬上採取行動，耐心等待也很重要。他們可能是「正在觀察」或是「需要思考的時間」。

【理論型需要獨自思考的時間，不需說服，他們理解後自然會行動】

②感覺型重視「心情、共鳴和身體接觸」

感覺型的孩子大多喜歡撒嬌，平時就要經常對他們說「我愛你」或是抱抱他們。他們心情不好的時候，用喜歡的事物來振奮心情，就能打開他們的幹勁開關。例如，聽喜歡的音樂跟著節奏舞動、看喜歡的漫畫大笑，就會找回幹勁。

對感覺型的孩子來說，有共鳴的話語，效果會相當顯著。「畫得真好！」等以誇張的反應來稱讚，他們會非常開心。

說出口的話要與他們的情緒共鳴，如果對他們說「你要哭到什麼時候？」、「那樣的話也沒辦法啊」、「媽媽跟你想的不一樣，所以不知道你在想什麼」等，會讓他們覺得自己沒有得到理解而感到痛苦。

在學習時，也必須要注意使用共鳴的語氣。當孩子回到家後，要好好傾聽他們當天上課的情況。

「今天上課上得如何？」

「雖然很開心，但有些不懂的地方，覺得有點難。」

「沒關係，你不是一直努力到最後了嗎？媽媽都知道喔！」

說完這句話後抱抱或親親孩子，當他們知道父母有在關注、理解自己，就會感到開心，即便失去自信也會繼續努力。

【感覺型會受到心情影響。利用共鳴就能轉換他們的情緒，就能促使他們行動】

怎麼啦？
嗚嗚……
嗚嗚……
感覺型
原來是因為顏色塗壞覺得很難過是嗎？
但是媽媽覺得你畫得很棒耶！
感覺型

③行動型「不要阻止，讓他們體驗」

行動型的孩子想要體驗各種不同的事情，渴望嘗試的欲望相當強烈。即便是在學習體驗活動中，經常會看到比較晚加入的行動型孩子馬上就能融入團體的情況。他們擁有的行動力就是如此的強大。

有一次，我認識的一位媽媽，因為擔心行動型的孩子爬到不安全的高處玩耍會受傷，於是開口勸阻。

「爬到那麼危險的地方，摔下來的話會撞到頭喔！」

結果，孩子回了一句很行動型的話。

「我又還沒有摔下去，沒關係啦！」

聽說那位媽媽因為了解自家孩子的特質，聽到這句話不由自主地笑出聲。

行動型的孩子即使失敗也不會太沮喪，比起失敗的恐懼，行動被阻止更讓他們感到痛苦。

因此，應對行動型孩子的訣竅是，**告訴他們想讓他們做的事情**，而不是開口閉口都是尚未發生的事情或是不可以做的事。

在上述的情況下，建議可以跟孩子說「那邊的遊樂設施看起來更好玩耶！要不要去看看？」**換一種說法，鼓勵他採取行動**，以此來遠來危險的地方。

此外，行動型的孩子大多會將注意專注在行動上，不太會認真聽人說話，所以**就讓他們先體驗看看各種事情**吧！

即便長篇大論地向他們說明，也會像BGM一樣左耳進右耳出。尤其是一開始的說明，他們通常已經等不及了，最好是採取同步進行的方式。

「去試試看吧！不用在意會不會失敗」如此放手之後，就會開啟孩子幹勁開關。

當然，為避免危險，要讓他們在自己能夠保護得到的範圍內活動。

相反地，如果說的話是阻止他們行動，那就無法做到溝通，例如「好好思考後再做」、「現在還不行，這個也要等」。

如果總是阻止他們行動，行動型的孩子就會感到畏縮，覺得「反正爸爸媽媽一定會說不行」，可能會因此妨礙才能和個性的發展。

【行動型是想要嘗試各種事情的體驗型，
面對他們的關鍵字是「試試看吧」】

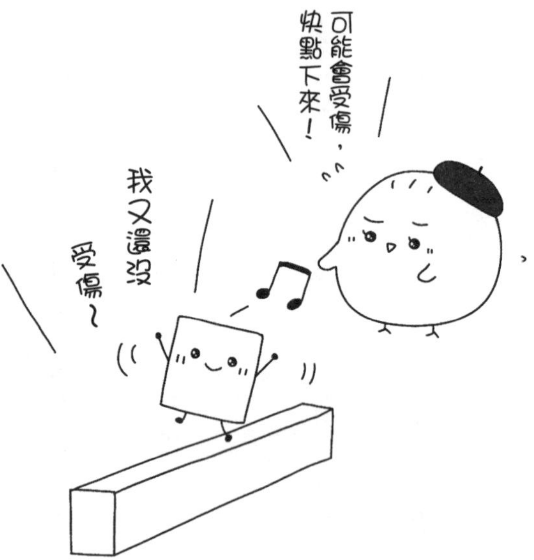

Scene 3

特質不同親子間常見的對話

前面已經說明，父母和子女的特質類型不一定會相同，也有案例是完全相反。遇到這種情況時，父母說出口的話經常會與孩子的希望不同。接下來要討論的是，這類型的父母和子女之間「常見的對話」以及處理方法。

理論型的孩子想知道理由

理論型的孩子經常會把「為什麼？為什麼？為什麼？」、「怎麼會這樣？」、「什麼意思？」掛在嘴邊。這是因為他們想知道事情原由的欲望非常強烈。

舉例來說，在學校遇到不清楚的事情時，回家後就會問說「媽媽，今天遇到這種事情，為什麼會發生這種事情？」」。

對此，**感覺型的養育者**會表示出共鳴。

「嗯～為什麼呢？到底是為什麼呢？」

這種認為表示同感才是善意的態度，會讓理論型的孩子因為無法得到確切的答案而感到煩躁。

同樣的問題，如果理論上沒問題，**行動型的養育者**會覺得難以回答，最後當然也是無法得出原因。

「為什麼啊……如果沒什麼特別的問題，就不用想為什麼了吧？」

像這樣直接逃避問題的回答，對於想要知道原因的理論型孩子來說，並不能視為是答案。

理論型的孩子想要的是能夠發表意見的回答。

「是為什麼呢？媽媽覺得是這樣，那你覺得是怎麼樣呢？」

「你把事情從頭到尾跟我說，我們一起思考看看吧！」

這些回答不僅可以促進孩子思考，還能滿足他們求知的欲望。

想要他人理解自身心情的感覺型孩子

感覺型的孩子在學校遇到不愉快的事情時，比起深究事件背後的意義和原因，他們更希望自己痛苦的心情能夠得到理解。因此，他們表達自己的心情，例如「媽媽，我遇到什麼事，覺得好難過」。

對此，**理論型的養育者**會試圖解決問題。

「你遇到什麼問題？告訴我前因後果。所以當問題發生時，你覺得該怎麼辦比較好？」

行動型的養育者會鼓勵孩子換個想法。

「再怎麼覺得難過事情也不會改變，換個角度想，轉換心情吧！」

然而，感覺型的孩子一開始想要追求的不是說明或解決問題，更不是鼓勵，而是悲傷的心情能夠獲得理解，能夠有人可以依靠。

「原來發生了這種事啊！那真的會很難過。」

請像這樣表現出對情緒上的共鳴。

設法讓行動型孩子體驗

行動型的孩子重視體驗。在學校沒能做自己想做的事情（不讓做）時，他們往往會感到不滿。

「媽媽，我今天本來想在學校做〇〇，但是老師卻說『不能在學校做』。」

這時**理論型的養育者**會開始有條不紊地進行說明。

「如果大家都一起做同樣的事情，學校會感到很為難，所以只好規定禁止。」

另一方面，**感覺型的養育者**則是會將重點放在情感上。

「老師說不行是擔心你們，為你們著想喔！」

然而，比起說明原由和情緒共鳴，行動型的孩子只想滿足自己的欲望，先嘗試再說。此時，最佳的解決辦法是，思考要用什麼方法來代替孩子想做的事。

「我知道你想試試看，來找找看哪裡可以做一樣的事情吧！」

「試試□□如何？」

像這樣尋找同樣或是類似的事情來讓孩子體驗。

養育者要掌握自己和孩子的特質差異，並注意孩子想要的回答。

建議準備幾種方案，看看孩子的反應，有助於讓孩子覺得自己被理解，進而感到安心。

Scene 4

形成親子之間依戀最重要的是「○○○」

到目前為止，已經從與天生特質的角度討論各個方面的親子溝通。不過，關於親子之間的依戀（孩子從父母獲得的愛），當然不能用特質來解釋一切。

各位知道美國心理學家哈利・哈洛（英語：Harry F. Harlow）所做的心理學實驗嗎？這個實驗是相當著名的代母實驗。

此實驗是在一個籠子裡進行的，先在籠子裡準備2個代理媽媽，一個是用鐵絲做的猴子媽媽，看起來不像猴子媽媽，不過手裡拿著奶瓶；另一個是用軟布製作，看起來就跟真正的猴子媽媽一樣，但手裡沒有拿奶瓶。

當時的學說認為，依戀是透過滿足飲食等欲望所形成。根據這一理論，猴子寶寶應該會對鐵絲媽媽產生依戀之情。

然而在實驗中，猴子寶寶肚子餓的時候會去鐵絲代理媽媽那裡喝牛奶，但纏著布製媽媽的時間則是愈來愈長。

此外，據說在籠子裡放入旋轉發條就會移動的玩具時，感到恐懼的猴子寶寶會緊緊抓住布製的代理媽媽。

從現在愛護動物的趨勢來說，這是個非常不人道的實驗，不過從思考人類的情愛角度來看，此實驗非常有意義。

重視母子之間的身體接觸！

從該實驗結果可得知，**與媽媽的身體接觸會對依戀的形成產生重要的影響。簡單來說，後天的身體接觸非常重要。**

很久以前，在日本育兒方針中，曾經有一度認為「如果孩子一哭就抱他，他就會養成被抱著的習慣」。

不過，現今各種研究結果顯示，**多抱抱嬰兒並沒有壞處，而且還有助於讓孩子產生安全感和信任感，對發育也有良好的影響**。

當孩子想要用哭泣獲得關切時，若是放任不管，反而會讓孩子在成長的過程中認為「沒有人要保護我」、「沒有人要關心我」。導致孩子對他人缺乏信任感，在人際關係中沒有安全感。

有些媽媽因為自己從小就缺愛，無法放開心胸擁抱孩子。在這種情況下，可以藉由**綁頭髮**、**牽手**、**撫摸臉頰**來替代，這些都是很好的身體接觸。

無論是多麼細微的身體接觸，對孩子來說，都是培養安心感、信任感的愉快時間。

我自己也有藉由身體接觸獲得很多愛的回憶。

我的成長環境比較特殊，幼年時期寄養在各種

不同的家庭。平時和媽媽分開生活，無依無靠，相當孤獨。

在這段時期，我一位寄養家庭的媽媽，無論發生什麼事都站在我這邊，並用非常多愛養育我這個外人。

那位媽媽一直擁抱著感到孤獨的我，晚上會把我的雙腳放在她的雙腳之間，讓我感到溫暖，是一位非常擅長身體接觸的人。

我和那位媽媽一起生活的時間僅有短短的1年，得到的愛卻是無窮的。當時從她身上感受到的溫暖和善意，至今仍讓我記憶猶新。

就算說是那位媽媽給予的愛成就現在的我也不為過，所以我一直認為無論再怎麼強調無償的愛和身體接觸有多重要都不夠。這個經驗讓我切身感受到，從沒有血緣關係的人身上也可以得到極大的愛。

無論是言語還是身體接觸的「溫暖」，對依戀的形成都相當重要。

Scene 5

現今這個時代，為了形成依戀可以做的事情

心理學領域有一個專有名詞是「**母嬰連結**（mother-infant bonding）」。母嬰連結是指，媽媽和孩子在互動中逐漸形成羈絆的現象。

當嬰兒哭泣時，媽媽就會想著「要做些什麼」，像是換尿布或是餵母乳，如此一來，嬰兒就會滿足地停止哭泣。

媽媽對孩子發出的訊息做出回應，嬰兒對媽媽做的事做出反應。兩者反覆互動下，嬰兒會形成依戀，媽媽則是獲得母性，雙方的羈絆會愈來愈深。

例如，認生的孩子很愛媽媽，只要有其他人靠近就會哭泣，這個行為可以視為孩子讓媽媽產生「沒有我不行」的想法，從而引發養育行為。這也是母嬰連結的一

種形式。

因此，如果有讀者媽媽正因為孩子認生而苦惱，那請把這一刻視為母子之間增進感情的時期，積極地與孩子互動。

COVID-19疫情肆虐的現在，更要珍惜親子之間的羈絆

在思考依戀形成時，也不能忽視時代的影響。

我小時候就讀的學校會安排學生飼養兔子、雞等動物，這個環境讓孩子從小就累積與生物接觸，注入愛情的經驗。

不過，據說現在有愈來愈多學校以避免增加教職員工作量、動物有傳染病風險等理由，停止繼續飼養動物。有數據顯示，取而代之的是增加稻田魚、水蠆等魚類、兩棲類和昆蟲的飼養。也就是說，孩子**直接接觸、感受動物溫暖及氣息的機會逐漸減少**。

尤其是現在這個時代，動物型機器人也愈來愈普及，有不少孩子都在飼養電子寵物。此外，許多父母在乘坐大眾交通工具，或忙於準備晚餐等時候，甚至都會用iPad或手機播放影片給孩子看。

而且隨著COVID-19疫情的蔓延，社會也發生了很大的變化。學校接二連三地取消畢業旅行、運動會等活動。即使舉辦了，也必須限制「只限1位家人，或是至多2位家長來參觀」。

過去，祖父母甚至親戚阿姨來運動會為自己加油，中午一起吃便當是理所當然的事情。然而現在哪怕只是運動會，也發生了劇烈的變化，例如「禁止大聲加油」等。

與疫情爆發前相比，**孩子獲得周圍認可的機會愈來愈少**。也有人擔心長時間戴口罩，會讓孩子控制自身表情、解讀對方表情的能力難以發展。

父母必須注意到這個時代的變化，在家努力創造使孩子受到認可的機會。平時就要多關心孩子，進行身體上的接觸，留意他們臉上的表情和反應。

Scene 6

從使用的顏色和圖畫來了解內心的聲音

接下來，稍微換個角度來討論「如何從圖畫中了解孩子內心的聲音」。**心理學上，有時可以從孩子下意識畫出的圖畫中讀取訊息**。以下，我會以自己在小教室遇到的案例，以及實際與媽媽諮詢的案例為基礎，介紹孩子塗色和心理狀態之間的關係。不過這只是一種解釋，不能一概而論地認為「孩子用○○色就代表他在想什麼」。請先釐清這點後，再跟我一起來探討，如何藉由圖畫與孩子溝通。

反覆在媽媽的臉上塗米色

這是我在百貨公司舉辦的活動中，為孩子進行藝術治療時發生的事情。

那時有一對親子來參加，當他們２人到了會場，孩子開始畫畫時，媽媽留下一句「我稍微離開一下」，就一個人去了別的地方。這個活動只有20分鐘，但等到媽媽回來已經是45分鐘後的事。

在等待的期間，孩子使用的蠟筆是**米色**，他執著地用米色反覆塗抹在媽媽的臉上。

我已經告訴那個孩子「嗯，沒關係喔！」，但他仍然會在意我的表情。

在藝術治療中，米色除了表示「自然」、「溫柔」、「安心」之外，在日本普遍也會稱之為「膚色」。我看著默默地在媽媽臉上塗抹米色的孩子，突然有種訊息朝著我撲面而來。

「媽媽，希望妳多抱抱我……」

我認為，這個孩子希望與媽媽有身體上的接觸。

這是治療的結果，絕對不是在責備媽媽。不過，在我試著詢問那位孩子「你希望媽媽抱緊你嗎？」時，那個孩子一臉純真地點點頭。孩子的媽媽在看到他點頭後，眼裡湧出淚水，馬上擁抱那孩子。

黃色代表的訊息是「希望關心我」

黃色是表現出純真、好奇心旺盛和稚氣，大多用於展示自己。如果孩子經常使用黃色畫太陽或花朵等，可能是在發出「希望關心我」的訊息。

梵谷的著名作品也用黃色在他人內心留下一筆濃厚印象，例如《向日葵》、《黃色房間》等。專家對於梵谷使用這個顏色有各種解釋，其中一種是可能想表達在深沉孤獨中尋找希望的心情。

我小時候也很喜歡黃色。直到學習色彩心理學前，我對這種顏色背後的訊息一無所知，只覺得自己是單純喜歡明亮的黃色。現在回想起來，或許我當時真的是在發送「希望關心我」的訊息。

父母在我小時候離婚，我幾乎沒有關於父親的記憶，不過，我倒是還記得跟父親分別前的情景。我最後送給爸爸的禮物是黃色的錢包，大概是已經知道未來再也見不到父親。或許當時那個年幼的孩子，是想要將「爸爸……不要忘記我喔！」這個訊息寄託在黃色錢包上。

正如前面所介紹的，**孩子有時會透過平時畫的圖畫來進行溝通**。當然，這個理論也適用於大人。最近有不少人推薦用圖畫做筆記，藉由圖畫和顏色來刺激右腦，而且還有利於培養輸出、輸入的能力。從大人筆記上的插圖也可解讀隱藏在其中的訊息。

在養育孩子的過程中，若是覺得孩子沒辦法很好地表達自己的心情時，用畫圖來宣洩是一種很好的方式。大人或許也可以藉由一起畫畫，來找到溝通的方法。

隱藏在圖畫中的主要訊息

用米色反覆塗在母親的臉上

象徵　「自然」、「溫柔」、「安心」
訊息　想要身體上的接觸。
（背景　母親和孩子接觸的時間減少。）

用咖啡色塗滿半張圖畫紙

象徵　「野心」、「探究欲」、「成熟」、「物質的欲望」、「骯髒的願望」
訊息　想要自由、想要獲得解放、想要發洩（想要外出）。
（背景　媽媽說「好好做」、「不可以！」。成年女性的案例，遭到配偶用「女生不用出去外面拋頭露面，顧好家裡就好」的想法所束縛。）

用紅色畫家裡失火

象徵　「活動力」、「熱情」、「強烈的能量」、「興奮」、「憤怒」、「壓力」
訊息　憤怒、發洩不滿。
（背景　在家與父母吵架、兄弟姊妹激烈的爭吵。）

用綠色在牆壁塗鴉

象徵　「活動力」、「熱情」、「強烈的能量」、「興奮」、「憤怒」、「壓力」
訊息　憤怒、發洩不滿。
（背景　在家與父母吵架、兄弟姊妹激烈的爭吵。）

嘴巴很大的媽媽

母親總是說「去做那個！」、「去做這個！」覺得很吵。

在圖畫紙上的一角畫出四分之一圓的太陽

太陽象徵父親，表示與父親的關係不親。

很大的彩虹

內心有願望，用來表示自己的願望。

Scene 7

日本人具有的負面特性與育兒的關係

請看下一頁中的上、下2顆蘋果。

在看到這2顆蘋果時，各位會比較受哪顆吸引呢？

據說有8～9成的人，會在一瞬間將注意力放在少一部分的那顆蘋果上。

為什麼會在意缺少的部分呢？

這是因為**「想補足」的意識在發揮作用**。我自己第一次看到這2顆蘋果時，在意的也是少一部分的那顆蘋果。

各位應該都看過蘋果公司的商標吧？就是那個著名的「被咬一口的蘋果」商標。說到蘋果公司為什麼要用被咬一口的設計，一般都認為是「因為普通的蘋果商標很容易跟其他圓形水果混淆」。也就是說，被咬一口的設計是，為了解決上述問題的苦肉計。

從結果上來說，蘋果公司的商標讓人印象深刻，如今人人都知道這個商標。

除此之外，在我們的生活中，還有許多「在意不完整」的情況。

例如，看電視的時候，如果聽到「休息一下，先進廣告」，就會好奇後續。這就是想要補足不完整的意識正在發揮作用的證據。如今依然會想起，學生時代沒有開花結果的戀情，也是因為在意這段不完整的關係。

此外，在年末等時候聽到他人問及「回顧今年，你覺得過得怎麼樣？」時，大部分的都會直覺想到「沒能做到的事情」而不是「做到的事情」。

一般人往往會將注意力放在不足的部分，像是「當時如果那麼做就好了」、「那件事應該有更好的方法」等。

比起已經完成的事情，對於沒能達成或是中斷的事情印象更深刻，這個現象在心理學稱為「**蔡加尼克效應（Zeigarnik effect）**」。

由於此心理現象，如果８成是完整的，２成是不完整的，通常都會在意不完整的那２成。

同時看欠缺與滿足部分

注意不完整或是未完成的事情是人類正常的心理特性，並不是件壞事。而且，能夠看見不足的能力，對於改善或提升事物非常重要。

我在擔任空服員時，認為去機艙內詢問咖啡或茶快喝完的客人「要不要再來一杯？」是一件理所當然的事情。這也是因為眼睛總是會看到不足的地方，想要補足的意識在發揮作用。許多日本人都很擅長這一點。正因為看到不足處，才能夠提供細緻周到的服務，練就精湛的技術。

「覺得有就是有，沒有就是沒有。」

所有的事情都取決於你的感覺。

必須要同時注意「欠缺的部分」和「滿足的部分」。
在養育孩子方面有許多需要補足的部分。
父母（尤其是日本人）大多都會將注意力放在孩子「不足的部分」。

「如果孩子更積極的話……」
「我的孩子為什麼這麼不擅長運動啊？」
「孩子和朋友相處是不是有什麼問題……都無法融入團體中。」

父母出於擔心而想要幫助孩子，所以往往都會看到他們「不足的部分」，有時甚至會因此而責備自己。

擔心孩子的不完美也是源自於愛，不過，**父母看到的真的是孩子不足的地方嗎？**

「所謂的常識，就是人到18歲為止所累積的各種偏見」（阿爾伯特・愛因斯坦，Albert Einstein）。

父母是否將自身從過去失敗和經驗總結出來的見解和偏見，當作正確的嘗試，強行要孩子接受呢？例如，「我覺得這對你很好」等像這樣將不適合孩子的情況強加在孩子身上的案例。

愈是填補不足或欠缺的部分，實際上

爸爸把自己的蒐藏讓給你吧！
整齊排列!!
〃橡實〃
的照片……

就愈可能是在填補他人對自己的期待。

在養育孩子的過程中，最重要的是，先激發出孩子與生俱來、已經存在的「特質」。

擁有負面基因的日本人

接下來再換一個角度來思考一下日本人的特性和養育孩子之間的關係。

日本人將細膩的感性發揮到極致，在製造業創造出了引領世界的高端技術。

不過，若是從正、負面角度來說，日本的細膩感與內心的負面程度有關。事實上，各種基因研究的結果顯示，日本人有極大多數人都擁有負面基因。

精神的穩定和心靈的安定與大腦中一種名為**血清素**的神經傳導物質有關。血清素具有控制多巴胺（提升喜悅和快樂情緒）、正腎上腺素（刺激神經），以及穩定精神的作用。血清素分泌下降，會變得有攻擊性，引起焦慮或憂鬱症狀。調解血清素分泌量的是一種名為「**血清素轉運體**」的基因，其中分為SS型、SL型和LL型3種。L型製造了大量血清素，S型只會製造一點點，因此，**S型在日本又稱為「不穩定遺傳因子」**。

據悉，擁有LL型基因的人個性開朗樂觀；相對地，SS型的人容易感到不安，罹患憂鬱症的風險也更高。

日本人負面思考的原因

血清素轉運體基因的比例因人種而異。美國人中約有32%是LL型，而日本人中，LL型卻只有3%。

相反地，日本人約有65%是SS型，據說是全世界SS型比例最高的民族。

有一種說法認為，因為亞洲是高溫潮溼、傳染病傳播風險高的地方。因此，人體在進化過程中，對外部壓力更加敏銳。

相比之下，許多日本人看待事物較為悲觀，容易有壓力並感到焦慮。

如今，已經可以利用簡單的測試檢測血清素轉運體基因的類型，並運用於心理健康對策。

當然，人的個性不單單是由基因決定，不能僅憑基因類型就決定一個人「是否悲觀」、「是否容易感到焦慮」。

不過，**我認為這種負面基因，可能會對養育孩子所產生的負面想法有一定影響**。因此，了解這種人格特質相當重要。

COLUMN

孩子搭飛機須戴氧氣罩時，你會怎麼做呢？

這裡要告訴大家關於飛機氧氣面罩的深層含意。

在飛機上，如果機體某處受損，空氣洩漏，無法維持壓力，氣壓就會在瞬間下降，這個情況稱為「失控減壓（Uncontrolled decompression）」。

此時，機艙內的氣壓會急遽下降，產生白色的混濁的霧氣，氧氣罩就會掉下來。在飛機上需要戴氧氣罩的情況下，維持意識時間為18秒左右。也就是說，如果不迅速戴上氧氣罩，就會失去意識。

有許多帶著孩子的父母，在氧氣罩掉下來時，會優先為孩子戴氧氣罩。這可能是身為父母的本能，會下意識地優先保護孩子。閱讀本書的讀者，可能也有許多人會表示「我也會這麼做」。

然而，飛機公布的安全守則卻恰恰相反，應該大人先戴氧氣面罩，接著再幫孩子戴。

各位剛看到這句話的瞬間，可能冒出抗拒的想法「怎麼會先是我戴？」。然而，這是因為孩子對於氧氣罩掉下來時發生的事情，無法立即做出反應。

當氣壓下降時，孩子很容易會陷入恐慌，可能會不願意或拒絕戴口罩。在這個過程中，如果父母暈倒，就無法保護孩子，最壞的情況是，父母和孩子都會倒下。

「不能確保自己的安全，就無法保護孩子。」

在養育孩子時也是相同的道理。

身體健康，精神飽滿，才能夠保護自己珍愛的孩子。

喔!!
喔!!

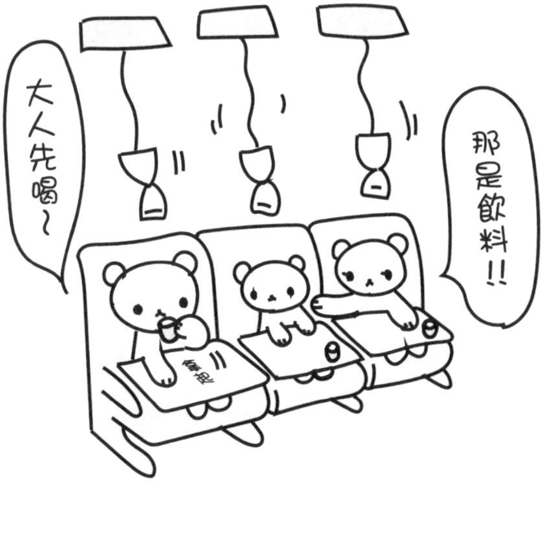
大人先喝~
那是飲料!!

真正的自己是？
為什麼會不了解「自己是什麼樣子」？

Scene 1

人的個性可以進一步分成12種類型

正如我在前面所說的，人與生俱來的特質分為理論型、感覺型、行動型3種，不過在我學習這一理論的日本溝通心理學協會裡，其實有更詳細的分類。

人的個性是由「**特質**」和「**人格**」組成。**天生擁有的個性（特質）大致分為3種，進一步細分的話則可分為12種**。

特質由3個要素組成。1是到目前為止介紹的理論型（I）、感覺型（E）、行動型（P）分類；2是理性・分析・個人型（L）與情緒・直覺・環境型（R）分類；3是外向型（＋）和內向型（－）分類。

以下就來看看要素2和要素3。

理性・分析・個人型與情緒・直覺・環境型

其中一種分類是**「理性・分析・個人型（L型）」**與**「情緒・直覺・環境型（R型）」**。如果要用左、右腦來區分，L型類似左腦，R型則與右腦相近。

L型往往會以客觀的角度看待事物，珍惜獨處的時間，喜歡一個人或是與少數知心的朋友待在一起。L型的人會退一步，以客觀的角度觀察周圍，不善於表達自身的情感。

R型一般則是會以主觀角度看待事物，喜歡與他人有一體感或產生共鳴。可以算是一種集體主義，當大家一起行動，會驚呼「哇～」、「好有趣」。R型人說話時會憑直覺神來一筆，擅長用圖像理解。他們情感豐富，依靠靈感行動。

也就是說，即使一樣是行動型特質的人，有獨自一人默默行動的L型，也有想要一群人吵吵鬧鬧一起行動的R型。28頁提到的沉默型明智光秀等人，可以歸類為前者。

和家人一起享受烤肉時光時，L型和R型的行為也會出現差異。

準備烤肉時，L型的爸爸喜歡分工合作，「爸爸去買缺的露營道具，媽媽去買青菜和肉，哥哥則去布置器具」，接著解散，各自行動。

然而，R型的媽媽覺得各自行動很孤單。

「為什麼啦！一起買明明更好玩！為什麼要分開行動？」

並不是男性一定是L型，女性一定是R型，也有男、女相反的情況。若是女性L型、男性R型的情況，女性可能會對男性感到厭煩，男性可能會說「真是的，妳不用跟過來一起買肉啊！去選自己想喝的啤酒啦！」。

（以7：3的比例來決定顯性多寡）

要素2

L型	R型
分析	直覺
理性	情緒
個人	環境
會壓抑感情，不擅於表現出情緒。	情感豐富，依靠靈感行動。
喜歡一個人或是與少數知心的朋友待在一起。	喜歡憑感覺和他人來往，重視家人和朋友。

（出處）©溝口和廣　日本溝通心理學協會

外向型與內向型

另一種分類是「**外向型（＋）**」和「**內向型（－）**」。

外向型對事物持樂觀的態度，做事黑白分明。

說起外向型，會讓人有種很會社交的感覺，但外向型並不等於善於社交。擅長社交和不擅長社交的分類，反而是與剛才提到的環境型、個人型相應對。

所謂的外向型，擅長向外發送訊息，大部分的人會直接表達內心的想法。

相對的，**內向型**的人會謹慎地觀察對方的態度後再做判斷，盡量避免與他人產生衝突，既敏感，警戒心又重。

當外向型的人直接說出心裡話時，內向型的人會緊張地覺得「不用說得那麼難聽」、「說得太刺耳了」。

而對於外向型的人來說，會覺得內向型的人讓人感到煩躁，「為什麼不直接說出自己的意見？」、「不說清楚誰會知道啊……」。這些分歧也會產生溝通上的問題。

顯性更傾向哪一種

（以7：3的比例來決定顯性多寡）

要素3

外向型（＋）		內向型（－）
樂觀、大方	↔	謹慎、敏感
說話明確	↔	警戒心重，會觀察對方的態度
會尋求他人的意見（意見交換）	↔	會向內心尋求答案（自問自答）
無論是對內還是對外，說話都很直接。		對外發言謹慎、小心，在熟悉的環境或對自家人說話則是一針見血。

（出處）©溝口和廣　日本溝通心理學協會

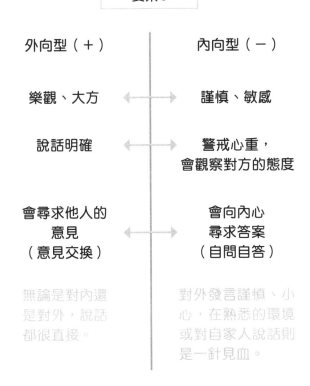

3乘以2乘以2共12種分類

再次總結上述的內容。

人的特質分為理論型、感覺型和行動型3種。可以進一步分為「理性・分析・個人型（L型）」和「情緒・直覺・環境型（R型）」，以及「外向型」和「內向型」。

也就是說，可以細分為3乘以2乘以2共12種分類。同為理論型，根據是L型還是R型，會有類型上的差異；同樣是行動型，內向型和外向型也會採取不同的行動。

儘管有12種類型，重要的是要了解，極大程度影響特質的是理論、感覺、行動這3種類型。

〈IEP×LR×＋－的組合〉

個性類型（Type）	理性・分析・個人型（L型）		情緒・直覺・環境型（R型）	
思考（理論優先型）（Intellectual）I型	IL型		IR型	
情感（情感優先型）（Emotional）E型	EL型		ER型	
身體（行動優先型）（Physical）P型	PL型		PR型	

＋：外向　－：內向

（出處）©溝口和廣　日本溝通心理學協會

個類型的IEP平衡

〈I（理論）・E（感覺）・P（行動）〉

個性類型（Type）	理性・分析（Left Brain）L型		情緒・直覺（Right Brain）R型	
理論型 思考 （理論優先型） （Intellectual） I型	IL 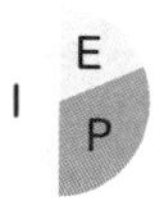	+	IR 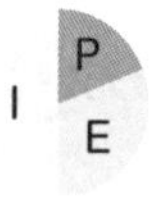	+
		－		－
感覺型 情感 （情感優先型） （Emotional） E型	EL 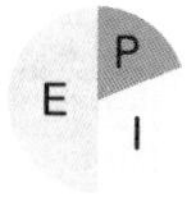	+	ER 	+
		－		－
行動型 身體 （行動優先型） （Physical） P型	PL 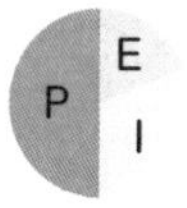	+	PR 	+
		－		－

+：外向　－：內向

（出處）©溝口和廣　日本溝通心理學協會

Scene 2

何謂後天培育的人格

正如我在第1章介紹的，**人的個性除了與生俱來的特質之外，還會受後天環境的影響**。我所學的日本溝通心理學協會的心理學，採用的觀點也是「一個人個性是由先天的特質加上後天的人格（人生經歷）組成」。

日本溝通心理學協會認為個性的組成比例是，先天的特質和後天形成的人格各占50%，在人格心理學的分類中也是同樣的比例。

順帶一提，我至今接觸過的學員，有許多人的個性都符合其特質。

此外，與生俱來的特質一輩子都不會改變，不過後天的人格會改變。後者是受到後天的體驗、教育和環境帶有的成見影響而形成。尤其是天生的特質與父母不同，在否定的環境下成長，有一定比例的人會具有與特質不同的個性。

由此可知，受後天影響較小的幼兒會按照自己的特質生活。

苦惱於天生的特質和後天的人格不一致的人，「真實的自己」與「在環境中形成的另一個自己」會相差甚遠。也就是說，內心真正的想法和行動受到壓抑，導致陷入自我分離的情況。

至今為止，之所以會在人際關係中飽受折磨或是產生過大的壓力而疲憊不堪，是受到青少年時期前所形成的人格影響。然而，這並不是說那個人的人格不好，而是具有讓自己痛苦的「認知習慣」、「信念」。問題在於認知習慣與支撐這個認知的信念，如果改變這兩者，人就會改變。因此，首先最重要的是，了解自己的習慣。

人的個性（特質與人格的關係）

※同19頁的圖表

個性的組成

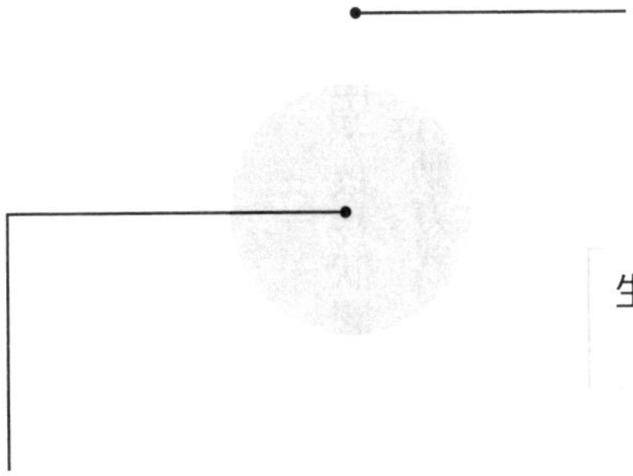

Personality

生長環境
培育出的人格
（後天性）

生長環境產生出人格
與內心的煩惱

Character

與生俱來的
特質（先天性）

特質（天性）、
資質、才能

> 一個人的個性是以先天的「特質」為基礎，加上後天生長環境培養的「人格」所形成的。

（出處）©溝口和廣　日本溝通心理學協會

透過自我圖了解後天的人格

有一種名為「**自我圖（Egogram）**」的性格診斷法，可以了解後天的人格。

這是約翰・M・杜賽（John M. Dusay）以其師傅——加拿大出身的精神科醫生艾瑞克・伯恩（Eric Berne）所提出的溝通分析理論為基礎，所設計的自我分析方法。

在自我圖的性格診斷中，以柱狀圖來表示5種自我狀態（自身心理狀態）的能量，並觀察性格特徵以及行動方式。能夠客觀地掌握自身人格要素的平衡和性格的特徵。

特質是與生俱來的特性，一輩子都不會改變，但後天的人格會隨著環境和遭遇而改變。對照特質和人格，可以進一步了解自己，還能夠了解周圍的人。

自我圖（Egogram）

自我圖是以美國心理學家艾瑞克・伯恩（Eric Berne）提出的溝通分析理論為基礎，由艾瑞克的弟子約翰・M・杜賽設計開發而成。

用柱狀圖表示5種自我狀態的能量，觀察性格特徵和行動方式。可以客觀地掌握自身心理狀態（自我狀態）的平衡程度，以及形成人格的因素。

※自我圖並不是用來判斷「好、壞」，而是將自身人格平衡視為性格特徵。網路上可以找到一些測試方法，可自行測試看看。

5種自我狀態

CP（Critical Parent）　NP（Nurturing Parent）

A（Adult）

FC（Free Child）　AC（Adapted Child）

P	Parent：父母
CP	Critical Parent：掌控型父母
NP	Nurturing Parent：撫育型父母
A	Adult：成人
C	Child：孩子
FC	Free Child：自由型孩子
AC	Adapted Child：順應型孩子

明顯特徵↓高機率和經常使用的言語

CP 嚴格、批判型的自己（嚴格、批判型的父母）

認為有責任也有自信可以遵守心中的良心、道德、規則和秩序。

高↓具有批評、排斥、強加價值觀到他人身上的傾向。（**低**↓適可而止、鬆懈、失去幹勁）

↓**「應該這麼做！」、「必須遵守規則！」、「那是錯的！」、「不要做〇〇！」**

NP 溫和、撫育型的自己（溫和、撫育型的父母）

具有寬容的內心，能夠接受、共鳴、照顧他人。

高↓過度干涉、過度保護的傾向。（**低**↓不關心、冷漠）

↓**「你沒事吧？要不要幫忙？」、「不管是什麼，我都幫你做！」、「不用在意啦！」、「不要勉強喔！」**

A 冷靜、客觀、成熟的自己（理智型成人）

客觀地看待自己的內心，根據事實冷靜地做出判斷的部分。

高↓給人的感覺比較冷淡。（**低**↓不理性、無法看清現實）

↓**「聽聽雙方的想法吧！」、「先冷靜下來」、「冷靜思考」、「這種情況下要用哪種方式處理比較好？」**

FC 感情表現直接、自由奔放、自然的自己（隨心所欲、自由奔放的孩子）

心中好奇心旺盛、自由自在隨心所欲、開朗大方的部分。
高↓周圍的人會覺得這個人不太謹慎。（**低**↓認真、缺乏有趣的一面）
↓「哇啊～～！好厲害～～！」、「我想要試試看！」、「真的超棒的！」、「我才不要！」、「來玩！來玩吧！」

AC 具協調能力、順從的自己（配合、順性型的孩子）

心中會忍耐、具協調能力，會了解、配合周圍的部分。
高↓連不喜歡的事情都接受，過於壓抑自己，容易累積壓力。（**低**↓我行我素、以自己的想法為主）
↓「反正我……」、「所以就是這樣」、「做〇〇真的沒關係嗎？」、「遵從指示」、「都是因為我的關係……」

型（圓滿型）

NP高，溫柔體貼、為人著想，也能給予他人肯定的評價。不過，當**AC**過低時，會稍微缺乏協調能力。

➡ 人際關係的問題較少，不過在AC過低的情況下，會傾聽對方說的話和意見。

N型（捨己型）

CP（嚴格的自己）低、**NP**（溫和的自己）高、**FC**（自由奔放的自己）低，較封閉、**AC**（順從的自己）高。屬於自我壓抑的類型，容易累積壓力。

➡ **要說出自身的意見，大聲說不，也要留意自己優柔寡斷的地方。**

倒N型（自我中心型）

CP（嚴格的自己）高、**NP**（溫和的自己）低、**FC**（自由奔放的自己）高、**AC**（順從的自己）低。有著很高的理想和旺盛的好奇心，領袖風範展現在充滿創意的自我道路上。

➡ **改善利己的一面，有時要採納他人的意見。**

V型（自我矛盾型）

CP（嚴格的自己）高、**AC**（順從的自己）也很高，對他人嚴格，又配合周圍的人，容易感受到自我矛盾。**A**（冷靜、客觀的自己）低，看不清現實，往往會責備自己。

➡ **不要在意他人對自己的評價，要說出自己的想法。**

倒V型（評論型）

A（冷靜、客觀的自己）高，**CP**（嚴格的自己）和**AC**（順從的自己）低。道理派、現實派，缺乏協調性，不願意聽他人意見。

具有高目標，建議努力傾聽他人的意見。

CP（嚴格的自己）高、A（冷靜、客觀的自己）、AC（順從的自己）高。對他人嚴格，但說不出口；無法原諒不遵守規則的人，但說不出口。累積很多壓力，容易深陷困擾。

擅於與他人交流，以及轉換心情。即便是小事也可以，要努力表達出自己的意見

CP（嚴格的自己）低、A（冷靜、客觀的自己）、AC（順從的自己）低，NP（溫和的自己）、FC（自由奔放的自己）高。認同他人說的話，溫柔、活潑，有幽默感。但不擅長客觀判斷，會隨心所欲地按自己的想法行動。

要努力邏輯思考、觀察周圍，客觀地判斷

CP（嚴格的自己）最低，AC（順從的自己）最高。誠實、協調性高，但缺乏自主能力，對他人有強烈的依賴感。其特徵是不願意處理自身責任範圍、能力範圍外的事情。

有意識地獨立思考和行動，並關心、體貼他人的心情

右下斜線型（獨斷專行型）

CP（嚴格的自己）高，**AC**（順從的自己）最低。理想高，有道德心和責任感，但不太會老實地傾聽他人的意見。如果**AC**不低，是值得依賴的人；相反地，**AC**愈低就愈頑固愈獨斷專行。

➡ **努力傾聽他人的意見，思考折衷的方案**

平坦型

高（超人型）精神充沛，幹勁滿滿

中（平凡型）各方面平衡，但缺乏個性

低（自閉型）封閉，能量低，接近憂鬱狀態

※即便與他人特質相似，如果自我圖為完全相反（例如，W型和M型、右上斜線型和右下斜線型），就會有種不太協調的異樣感。此外，若是與他人特質相反，自我圖卻相似的情況，大部分都會覺得個性很合得來。

為什麼活得這麼痛苦

了解先天特質和後天人格之間的差異，就有可能知道自己活得很痛苦的原因。

孩子與父母的特質相近時，大部分的父母都會自然地依照特質來培育孩子。當然，也有些父母認同孩子不同的個性，並讓孩子自由成長。

不過，大多數的情況下，父母會認為自己的經驗和想法才是正確的，並以「為孩子好」的名義強加在孩子身上。

事實上，父母並沒有發現自己展現出的習慣。**他們將孩子套在框架中，強迫孩子接受不符合其特質的想法，扭曲孩子原本的特質，甚至導致親子斷絕關係。**

Scene 3

了解是什麼在推著自己前行

在談及天生的特質和後天的人格時，幾乎所有人都能回答出自己的特質以及成長環境，重新回到原本的自己。

以下要介紹的案例主角是，擁有**行動型**特質的女性H小姐。

H小姐從小就比別人更想要嘗試各種新鮮事，不過，其**理論型**的母親總是對她說「妳做事總是不考慮後果，請謹慎思考後再行動」。

H小姐長大後，對製作人的工作產生興趣，並考慮試著自己創業。

有一次，她把這個想法告訴母親，結果遭到強烈的反對。最後，她接受母親的建議，從事了與自己意願不同的職業。

於是，Ｈ小姐作為社會人士累積工作經驗，在她經歷結婚、生育，建立幸福的家庭時，她的內心總是有一股難以壓抑的焦躁。

Ｈ小姐的特質是行動型，無論是在製作人的工作上還是創業明顯都具有優勢。其理論型的母親卻不斷地要求她行事要慎重，導致她**天生的特質和後天的人格產生偏差**。

因此，我對Ｈ小姐表示「不管是製作人的工作還是創業都很適合你，如果想要依照本能去做些一直以來都想做的事情，嘗試看看有何不可？」。

Ｈ小姐說聽到這句話後，她終於擺脫了多年來的憂鬱心情。

之後，Ｈ小姐如願創業，一邊養育孩子，一邊與媽媽同事建立社群，以自己的方式活躍在業界。

我無意否定不同類型的父母，我認為從不同類型的父母身上也可以學到很多知識。不過，**如果知道是什麼壓抑著自己，了解自己真正想要做的是什麼，就能夠從當下重新開始**。

問題在於與母親的關係？

許多父母都是以自己的特質來養育孩子。不過，也有些人會按照自身受到的教育來養育孩子。

以下的案例主角是S小姐，其父母在養育她時，是**朝著與她原本的特質不同的方向來進行教育**。S小姐因為孩子對她說「都是媽媽的錯」而感到苦惱。

根據S小姐所言，孩子一遇到不順心的事情，或是進展不順利的情況時，就會立刻脫口而出「都是媽媽的錯」。S小姐曾試著警告孩子「不應該把錯推給別人」，但絲毫沒有改善，S小姐很擔心是不是自己的教養方式出了問題。

S小姐是**行動型**特質，平時只要想到什麼，就會親自體驗看看。因此，她通常都會讓孩子嘗試她自己想做的事情。因此，孩子對她說「都是媽媽的錯」這句話，讓她非常在意。

於是，我分析了S小姐母親的特質，結果顯示她的母親是**理論型**。當我告訴S小姐她母親的特質後，她用非常認同的語氣表示「的確如此，我的母親總是擅自決定我應該做什麼，我只能一味地服從。因為我每次想做什麼都被阻止，這讓我非常痛苦」。

S小姐還意識到，**自己在無意中用母親養育自己的方式來教養孩子**。

「可能我也總是幫兒子決定他應該做的事。因為全部都是我決定的，兒子遇到不順利，當然會說『都是媽媽的錯』」。

S小姐知道自己是行動型後，察覺到「我真的很想做以前沒能做的事情」、「就像媽媽為我決定如何行動一樣，我也決定了孩子的一切」。

於是，為了盡量避免自己為孩子決定如何行動，S小姐轉換了教育方針，尊重兒子本人的意願，讓他自由選擇。結果，孩子開始學習自己做決定，不再把「都是媽媽的錯」掛在嘴邊。

S小姐**原本以為是孩子與自己的關係有問題，事實上，自己與母親之間的關係才是根本原因**。這是相當常見的案例。

因為育兒問題前來諮詢的母親們，有時會發現問題是出在自己與母親的關係。像S小姐一樣深受母親的影響，因為愛孩子，覺得自己是為了孩子好，於是將自己的價值觀強加在孩子身上。由此可知，深入探討後天的影響非常重要。

Scene 4

一瞬間就能改變過去

各位有想要改變的過去嗎？

在人際關係中，還有一件想告訴大家的是，過去發生的人際關係問題，可以像翻書一樣瞬間解決。

以下我要介紹3種解決方式。

❶ 改變自己的看法（ABC理論）

這就是我們常說的「發生的事情是事實但沒有意義」、「意義都是自己賦予的」。

相同的事情只要轉換自己的看法，過去那件事的「意義」也會隨之改變。

② 重新了解另一個真相

在知道已經認定的事實背後，那個**不為人知的新真相後，對那件事的看法也會完全改變**。

③ 時代改變了人對世界的看法

人的思考方式、對事物的理解方式會隨著時代的變遷而有所變化。

例如「離婚」、「學歷」、「社會地位」等。若是過去曾因此產生自卑感，有時會隨著時代或社會觀感的變化而變得不那麼在意。

現在單身的人也很多，離婚也不是什麼稀奇或是可恥的事情。對於學歷和社會地位也開始有各種不同的看法。

人的想法和價值觀會不斷地變化。例如，小時候不喜歡茄子，打死也不吃的人，在長大後突然變得非常喜歡吃茄子；突然覺得過去最喜歡的油炸食品不再美

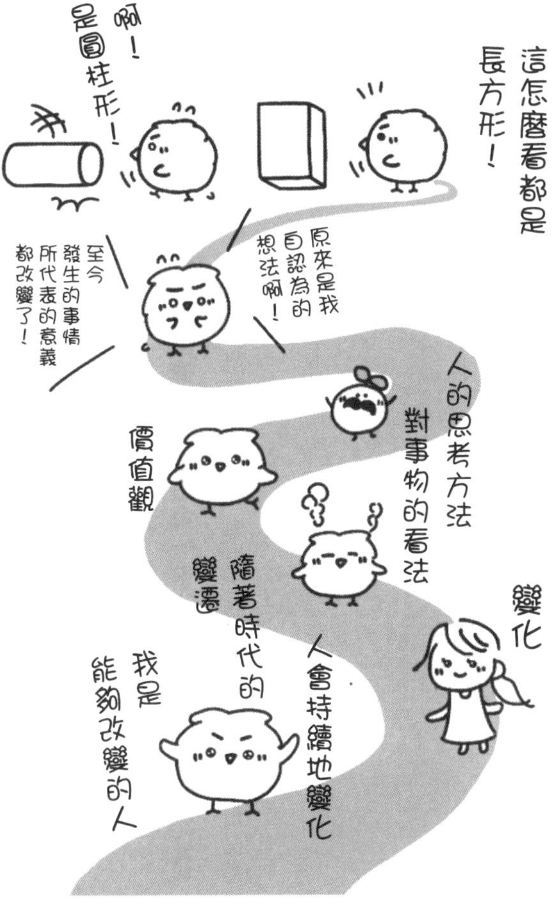
這怎麼看都是長方形！
啊！是圓柱形！
原來是我自認為的想法啊！
至今發生的事情所代表的意義都改變了！
人的思考方法
對事物的看法
價值觀
變化
隨著時代的變遷
人會持續地變化
我是能夠改變的人

味；以前不擅長與人交流的人，長大後以講者的身分活躍在業界。這樣的案例不勝枚舉。

只要抱持著「人會不斷地改變」、「人是可以改變的」，生活就可以不受以往的想法和過去所束縛。

如果現在正在煩惱該如何改變過去，請思考一下我剛剛提到的3種方式。即便當下無法解決煩惱，在它們成為幫助他人的「素材之寶」時，就能夠擺脫過去的束縛。

COLUMN

「一期一會」是時間和空間

JAL的經營理念中有一項是「一期一會」。

就像在飛機內看到的雲朵形狀，永遠都不會再看到第二次一樣，**與他人相遇，一起度過的瞬間也是一生只有一次**。意思是，我們「要將注意力放在這次的相遇，這唯一一次的時間」作為座右銘，努力接待，珍惜與乘客相處的時間。

「一期一會」原本是用來表達茶道精神的詞彙。意思是說，在參加茶會時，主人和客人心知這是一生只有一次的邂逅，不會有第二次，所以雙方準備好真心以待。

其中飽含的意思是「在我們相遇的這有限的空間和時間，不會再出現第二次。讓我們珍惜這一瞬間，給予現在所能做到最好的服務」。

此外，還有一個意思是「帶著今後可能還會遇到許多次，或是再也不會相遇的覺悟來接待」。

當抱有一期一會的精神，就不會對每一次的相遇和時間做出過多的評價，而是專注於當下這個時間和地點。

即便有不愉快的時候，總有一天也會察覺到，那次的相遇是一次學習的經歷。

人與人的相遇是成長，相處的時間和空間是寶物。

咻
你好
啊！
你好
咻
一期一會

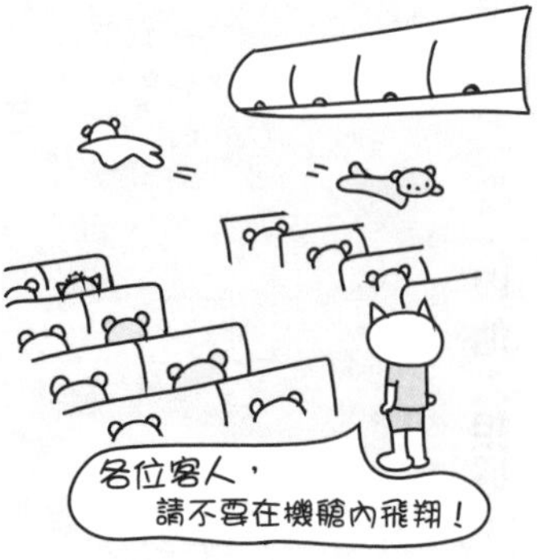
各位客人，
請不要在機艙內飛翔！

想要和現在的你傳遞的訊息

觀察能力、分析能力從這裡開始——寂寞的年幼時代——

以下，我想將本書傳達的一部分訊息，結合自己的經歷與大家分享。

我在台灣長大，因為父母離婚，童年時代輾轉生活在各個寄養家庭。每一個家庭都很親切溫柔，我至今都還非常感謝他們。然而，無論我去哪一個家庭，我都沒有成為「家庭一員」的感覺，一直都覺得自己是個外人。

寄養的家庭中，不管是大人還是小孩，都有各種不同的人。我身在其中，從懂事時就開始觀察人類。

「這個家話語權最大的是三女嗎？」

「最受寵的是老么。」

「現在的對話可能會讓二女兒鬧彆扭。」

長期的觀察分析，我慢慢地可以掌握人際關係之間的微妙氛圍。即便到現在，在眾人聚會的場合，我仍然會下意識地從客觀的角度進行觀察。我認為應該是因為年幼輾轉住在寄養家庭時，受到了很大的影響。

形成依戀的親身經驗

作為「別人的孩子」，我生活在沒有血緣關係的家庭裡，感到非常不安，心裡總覺得很孤獨、寂寞。

在這樣的情況下，我遇到了第4章所提到的媽媽，那是我年幼時期在寄養家庭所度過的日子中，最幸福的回憶。

至今有時還會想起當時媽媽的「溫暖」。正因為有了當初的身體接觸和依戀的形成，「我」才會存在。

然而其實這個故事還有後續。

社群媒體上時隔45年的奇蹟！

即便長大成人，當時的媽媽依然從未離開我的心裡。

去台灣玩的時候，還為了尋找媽媽，曾拜訪當時的住處。不過，無論我怎麼找都找不到，就這樣過了40年。

就在那時候，姊姊告訴我她在Facebook上找到媽媽，並告訴我帳號。

從當時的年齡來計算，媽媽的年齡應該已經超過90歲。我慌慌張張地發了訊息後收到回覆。看來是她本人，但以她的年齡來說，已經很難使用文字通訊。

於是我發了語音訊息，對方也發了語音訊息。媽媽一開口就是呼喚我的名字，聽到那個聲音的瞬間，我的心在顫抖，眼淚也流了下來。是我記憶中媽媽的聲音，與童年回憶留在內心的那個溫柔聲音一模一樣。

就連說「沒事的不要哭」的聲音也一樣，我完全說不出話來。

我對社群網站上的人類黑暗面時有所聞，例如，看到他人幸福的貼文感到嫉妒或進行誹謗等各種負能量。另一方面，社群網站也可以發揮出很大的力量，例如，對好友的成就感到喜悅、與好友相互支持，或是建立社群相互聯繫，共同成長。

此外，也有像我一樣創造出「重逢」的人生奇蹟。

是誰在偷看社群網站呢？**自己想要怎麼看，由自己選擇**。

我的人生當中，有19年都在擔任國際線的空服員，從這個經歷獲得的最大優勢是觀察能力和洞察能力。

ＪＣＰＡ溝通心理學（人格心理學）的特色在於同時關注先天性和後天性的要素。在聽完入門的講座後，我立即產生「想要成為人格心理學講師」的願望，並不斷地學習，最後也如願成為講師。

我對心理學感興趣的原因之一是，我從小就在複雜的環境中長大，想知道更多關於自己這個人個性形成的過程。

過去感到負面的事情，現在已經能夠正向地接受。隨著時代的變化，希望自己的經歷和知識能夠為更多人帶來幫助。

如果你之後有想做的事情

環境整理顧問舛田光洋在其著作《一倉定の環境整備 1万社を復活させた経営の神髓》（日本實業出版社）中講述了放手的重要性。

舛田先生表示「之所以會抱持著放著總有一天會用到的心態，其中一個原因是，對未來的不安感」。

人類為了應對不安的未來，自然會不想改變現狀，什麼都想留下來。然而，每當他們看到自己為了應對不安留下的物品時，又會下意識地感到焦慮。於是，對未來的不安就會成為現實。

為了消除這種不安，必須果斷地放下事物和執著。透過放下，可以讓我們擺脫維持現狀的偏見。

為了克服維持現狀的偏見，放棄不需要的物品，擁有好奇心也很重要。**抱持著「無論如何都想嘗試」的好奇心，就可以跨越「改變好可怕」的恐懼，並向前邁進。**

就像飛機在起飛時，引擎的輸出會一口氣上升，並承受重力（壓力）一樣，人在踏出第一步時，所需要的能量超乎想像。因此，請將擁有的能量和時間用在自己的身上。

每個人或多或少都曾因為占據人類8成煩惱的人際關係和環境，像亂流一樣被牽著鼻子走，不過即便是難以忍受的亂流，基本上也不會造成飛機墜落。想像害怕就會感到害怕，覺得沒事就會沒事。

重要的是，是否能夠想像恐懼和疼痛後的終點、目的地。如果大腦知道現在是為了什麼感到疼痛，痛苦的感覺就會減半。即便繞了一大圈，看到的景色也是給你的「禮物」。

我們現在處於的是人類壽命達到100年，甚至是120年的時代。

各位想要成為什麼樣的人？想把時間用在哪裡？

無論到了幾歲，都要成為最棒、最好、最幸福的自己。

正在閱讀本書的各位，請想像自己朝著目標起飛，不再被過去的自己、他人的期待或創造的信念所左右，不再把時間花在煩惱人際關係，輕鬆享受人生的樣子。

在這顆星球上，還有許多奇蹟般的相遇和絕佳的風景在等著你。

COLUMN

飛機是逆風翱翔

創立美國汽車公司福特的亨利・福特（Henry Ford）曾說過「當一切對你來說都是逆風時，希望你能記住，飛機不是順風而是逆風飛翔」。這句話也是我的座右銘，在我的人生陷入低谷時，是這句話給了我極大的鼓勵。

機翼面向著風，透過升力飛行。

這個道理同樣也適用於人生。人生中遇到的逆境，是讓自己成長的機會。我自己經歷過多次的逆境，每次都將這股能量轉化為一種輸出，支撐自己想做的事情，所以能夠順利地跨越困難。重點在於要有明確的目標，將逆境的能量轉化為輸出的能量。

飛機那麼大的鐵塊都能在天空飛翔，自己當然也能飛得更高。要相信自己可以做到！

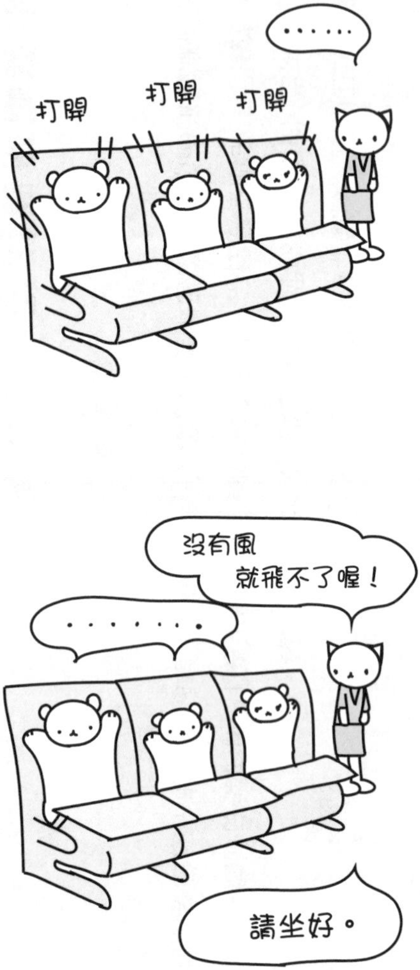

我活了半個世紀的時空裡，有19年的時間都在航班中繞著地球轉，已經數不清曾經和多少國家的人交流過。

在各種人生經驗中，切身感受到從他人身上學到的是最為深刻、最能促進成長的知識。

這無數次的相遇皆是必然，總會在絕妙的時機到來。

能在JAL（日本航空）工作、學習，獲得珍貴的相遇是我一生的寶物，我深表謝意。非常感謝給予我出版機會的中尾淳總編、日本實業出版社的各位夥伴。

在此一併感謝，欣然提供心理學訣竅的日本溝通心理學協會（JCPA）的溝口和廣會長，幫忙提供專業知識的講師奥田幹子、鈴木晶子、宗利盾基，以及服部愛子、小泉美和子等顧問的通力合作。

感謝我的出版契機若山陽一郎、總是親切指導我的石川和男、在每章最後面畫上療癒插畫的戶田充廣，以及支持我的各位，你們的鼓舞都是我前進的動力。

也謝謝丈夫和女兒一直以來的支持，當我在電腦前睡著時，毫無怨言地接手家務。還有想跟在天國的媽媽和只有３歲前印象的爸爸說「您們的女兒很健康、很努力，請緊緊抱住我、稱讚我」。

最後致選擇這本書的你。

「我」這個獨一無二的存在，在世界上只有一個人。

期待在某個地方見到你。

很榮幸這本書能夠送到你的手上。

〈作者簡介〉

山本千儀

日本溝通心理學協會專業講師。

1970年出生。擔任JAL國際線空服員長達19年，接待過的客人超過90萬人。精通英語、中文和台語，曾培訓外國空服員，還負責顧客心理狀況與企劃增加顧客流量的培訓班。

童年時期曾輾轉安置在不同的家庭，這段特殊的經驗，使她對於他人的想法和行為產生興趣，從擔任空服員時，就開始學習各個方面的心理學。

之後，她決定從事心理相關的工作而離開了航空業。目前，她將從接待經驗獲得的洞察力和分析力作為優勢，在日本和美國等各地為個人和公司提供招募顧問、人際關係等溝通心理學、育兒與生涯規劃、有關符合自身職業的研討會及演講。

私底下是一個孩子的母親。同時也是美國NLP master practitioner、交流分析諮詢師（TA Training verification）、Egogram心理測驗專家、NLP Hypnotist、靈氣療法家、日本Child Minding & Educare協會認證的兒童藝術治療師等。

也曾任泰國與法國航空公司聯合航班、皇太子專機的空服員。獲得許多獎項，包括CS表彰客室本部長獎、關空分店店長表彰、機內販售世界第一集團獎等。

任職期間，曾申請留職停薪，到西雅圖和矽谷留學2年。也曾被篠山紀信選為JAL週刊文春PR、JAL年曆模特兒。

送給疲於人際關係的你

依「特質」變換表達方式的溝通心理學

出　　版／楓葉社文化事業有限公司
地　　址／新北市板橋區信義路163巷3號10樓
郵政劃撥／19907596 楓書坊文化出版社
網　　址／www.maplebook.com.tw
電　　話／02-2957-6096
傳　　真／02-2957-6435
作　　者／山本千儀
翻　　譯／劉姍珊
責任編輯／吳婕妤
內文排版／楊亞容
港澳經銷／泛華發行代理有限公司
定　　價／380元
初版日期／2024年5月

國家圖書館出版品預行編目資料

送給疲於人際關係的你：依「特質」變換表達方式的溝通心理學 / 山本千儀作；劉姍珊譯. -- 初版. -- 新北市：楓葉社文化事業有限公司, 2024.05　面；　公分

ISBN 978-986-370-681-6（平裝）

1. 溝通 2. 傳播心理學 3. 人際關係

177.1　　113004230